国家万名旅游英才计划"双师型"教师培养项目（WMYC201730036）
江苏省教育科学"十三五"规划课题（D/2016/03/96）
江苏省职业学校教师教学创新团队项目
镇江市第五期"169工程"科研资助项目

全程工学交替

——酒店专业人才培养的新思维

潘 俊 著

苏州大学出版社

图书在版编目（CIP）数据

全程工学交替：酒店专业人才培养的新思维／潘俊著． —苏州：苏州大学出版社，2021.3
 ISBN 978-7-5672-3496-3

Ⅰ.①全… Ⅱ.①潘… Ⅲ.①饭店－经营管理－职业教育－人才培养－研究 Ⅳ.①F719.2

中国版本图书馆 CIP 数据核字（2021）第 042383 号

全程工学交替——酒店专业人才培养的新思维
Quancheng Gongxuejiaoti——Jiudian Zhuanye Rencai Peiyang de Xin Siwei

著　　者：潘　俊
责任编辑：杨宇笛
装帧设计：吴　钰

出版发行：苏州大学出版社（Soochow University Press）
社　　址：苏州市十梓街 1 号　邮编：215006
印　　装：镇江文苑制版印刷有限责任公司
邮购热线：0512－67480030
销售热线：0512－67481020

开　　本：700 mm×1 000 mm　1/16　印张：14.25　字数：234 千
版　　次：2021 年 3 月第 1 版
印　　次：2021 年 3 月第 1 次印刷
书　　号：ISBN 978-7-5672-3496-3
定　　价：65.00 元

若有印装错误，本社负责调换
苏州大学出版社营销部　电话：0512－67481020
苏州大学出版社网址　http：//www.sudapress.com
苏州大学出版社邮箱　sdcbs@suda.edu.cn

目 录

第一章 导 论 …… 1
第一节 研究缘起 …… 1
第二节 研究背景 …… 2
第三节 研究内容 …… 7
第四节 研究的理论依据 …… 12
第五节 文献综述 …… 14
第六节 相关概念界定 …… 18

第二章 酒店业人才需求与酒店职业教育 …… 20
第一节 我国酒店行业现状和发展趋势 …… 21
第二节 酒店业人才的现状与需求分析 …… 23
第三节 酒店管理专业人才培养模式的调查分析 …… 28

第三章 全程工学交替人才培养模式理论构建与实践要素 …… 47
第一节 全程工学交替人才培养模式的本源探究 …… 47
第二节 全程工学交替人才培养模式的实践要素 …… 50
第三节 全程工学交替人才培养模式的框架设计 …… 55

第四章 全程工学交替人才培养模式中的专业建设 …… 61
第一节 全程工学交替人才培养模式中专业建设的意义 …… 61
第二节 全程工学交替人才培养模式中专业建设的主要任务 …… 63
第三节 全程工学交替人才培养模式中专业建设的具体实践 …… 66

  第四节 全程工学交替人才培养模式与1+X证书制度和学分银行制度 ………… 77

第五章 全程工学交替人才培养模式中的课程建设 ………… 82

  第一节 课程开发的基本思路 ………… 82
  第二节 课程设计的基本方法 ………… 83
  第三节 建立模块化课程体系 ………… 89
  第四节 课程开发过程 ………… 90
  第五节 课程实施的策略 ………… 93
  第六节 建立在多元评价基础上的质量管理 ………… 96

第六章 全程工学交替人才培养模式中的企业和学校 ………… 99

  第一节 全程工学交替人才培养模式中企业的角色和作用 ………… 99
  第二节 全程工学交替人才培养模式中学校的角色和作用 ………… 101
  第三节 全程工学交替人才培养模式中的校企合作 ………… 104
  第四节 全程工学交替人才培养模式中的酒店企业和学校 ………… 107
  第五节 全程工学交替人才培养模式的实施保障 ………… 110

第七章 全程工学交替人才培养模式中的学生管理 ………… 126

  第一节 工学交替学生管理存在的问题分析 ………… 126
  第二节 各方职责 ………… 128
  第三节 工学交替学生管理问题的对策 ………… 131

第八章 校本研究成果 ………… 137

  第一节 解决教学问题的方法 ………… 138
  第二节 成果的创新点 ………… 141
  第三节 成果的校内实效 ………… 142
  第四节 成果的校外推广 ………… 143
  第五节 研究结论 ………… 145
  第六节 研究反思 ………… 145

第九章　相关院校工学交替人才培养模式的实践案例（摘要）……………………………………………………………… 147

附录1　"全程工学交替"酒店管理专业人才培养模式调查问卷（酒店填写）………………………………………… 160

附录2　"全程工学交替"酒店管理专业人才培养模式调查问卷（职业院校填写）…………………………………… 162

附录3　"全程工学交替"酒店管理专业人才培养模式调查问卷（毕业生填写）……………………………………… 165

附录4　酒店人力资源调查访谈提纲…………………………… 168

附录5　江苏联合职业技术学院酒店管理专业指导性人才培养方案……………………………………………………… 175

附录6　江苏联合职业技术学院酒店管理专业部分课程标准……………………………………………………………… 189

参考文献………………………………………………………… 212

后　记…………………………………………………………… 217

第一章 导论

第一节 研究缘起

伴随着酒店业的迅速发展，其用工需求也逐年提高，在这样的行业背景下，酒店教育顺势而为，不断发展壮大。职业院校酒店管理专业的学生因接受专业教育、实际操作能力较强而成为一个相对优秀的群体，备受用人单位的青睐。酒店专业对口就业率较高，很多毕业生经过多年努力已成长为行业精英，他们是中国酒店行业健康发展的中坚力量。

然而，随着酒店业的飞速发展，业界出现了酒店管理专业人才供给与旅游企业人才需求虽两旺，但"成交率"不高的现象。出现这种情况有多方面原因，根本原因在于人才培养。酒店行业尤其是高星级酒店人才需求有其行业特性，目前职业院校毕业生不能完全满足行业需求，现有培养模式已经不能适应社会发展。因此，必须针对职业院校酒店管理专业人才供给与市场需求错位现象的本质，回归职业教育产教融合的本真。在江苏省教育科学"十三五"规划课题"酒店管理专业全程工学交替人才培养模式实践研究"的开展过程中，课题组立足江苏联合职业技术学院镇江分院，经过多年实践，结合酒店行业特点，探索并形成了适合职业院校酒店管理专业的全程工学交替人才培养模式。

第二节 研究背景

(一) 国家相关政策

近年来,国家对职业教育空前重视,职业教育迎来了前所未有的发展机遇期。无论是教育主管部门,还是基层职业院校、职业教育科研院所,都已形成共识:大力发展职业教育对于促进经济社会发展具有重要意义,而产教融合、校企合作是办好职业教育的关键所在;国内外的职业教育实践都说明,工学结合是遵循职业教育发展规律,体现职业教育特色的技能型人才培养模式。

1991年10月国务院印发的《关于大力发展职业技术教育的决定》明确提出:提倡产教结合,工学结合。此后的十几年中,我国的职业教育一直在寻求工学结合的道路上积极探索。

2000年年初,教育部《关于加强高职高专教育人才培养工作的意见》又明确指出高职教育要培养"基础理论知识适度、技术应用能力强、知识面较宽、素质高"的毕业生,文件还提出将学校与社会用人部门结合、师生与实际劳动者结合、理论与实践结合作为人才培养的基本途径。这是在当时高职教育规模急剧扩大的新形势下出台的一个重要文件,对规范高职教育的人才培养目标和模式都起到了很好的指导和保障作用。

2005年8月,教育部在天津市召开了工学结合座谈会,拉开了新时期我国职业教育校企合作、工学结合培养模式改革的序幕。

全国职业教育会议提出要"建立和完善半工半读制度",会议通过了国务院《关于大力发展职业教育的决定》,文件再次明确了职业院校要"大力推行工学结合、校企合作的培养模式"。

2006年3月,教育部印发了《关于职业院校试行工学结合、半工半读的意见》,提出坚持以就业为导向的办学方针,大力推行工学结合、校企合作培养模式,逐步建立和完善半工半读制度,是当前职业教育面对的具有方向性的关键问题;要加快职业教育人才培养模式由传统的以学校和课程为中心向工学结合、校企合作转变,加强校企合作、工学结合。

2006年,教育部《关于全面提高高等职业教育教学质量的若干意见》指出,要积极推进与生产劳动和社会实践相结合的学习模式,把工学结合作为高等职业教育人才培养模式改革的重要切入点,带动专业建设,引导课程设置、教学内容和教学方法改革。

自 2009 年全国职业教育工作会议提出探索具有中国特色的高等职业教育校企合作之路以来，整个职教战线上下齐心，通过校企共编教材、共建实训基地，开展学生实训、实习就业等系列活动，不断加强与产业、行业、企业的对话与合作。

2014 年 6 月，国务院《关于加快发展现代职业教育的决定》发布，当时被誉为职业教育划时代的改革动员令，明确提出："推进人才培养模式创新。坚持校企合作、工学结合，强化教学、学习、实训相融合的教育教学活动。"

2015 年 7 月，教育部发布《关于深化职业教育教学改革全面提高人才培养质量的若干意见》，提出坚持产教融合、校企合作。推动教育教学改革与产业转型升级衔接配套，加强行业指导、评价和服务，发挥企业重要办学主体作用，推进行业企业参与人才培养全过程，实现校企协同育人。坚持工学结合、知行合一。注重教育与生产劳动、社会实践相结合，突出做中学、做中教，强化教育教学实践性和职业性，促进学以致用、用以促学、学用相长。

2017 年 12 月《国务院办公厅关于深化产教融合的若干意见》发布，提出：深化产教融合，促进教育链、人才链与产业链、创新链有机衔接，是当前推进人力资源供给侧结构性改革的迫切要求，对新形势下全面提高教育质量、扩大就业创业、推进经济转型升级、培育经济发展新动能具有重要意义。

2019 年 1 月，国务院印发《国家职业教育改革实施方案》（简称"职教二十条"），这是新时代职业教育改革的指导性文件，文件明确了"坚持知行合一、工学结合"，"借鉴'双元制'等模式，总结现代学徒制和企业新型学徒制试点经验，校企共同研究制订人才培养方案，及时将新技术、新工艺、新规范纳入教学标准和教学内容，强化学生实习实训"。

上述国家层面的重要文件均强调了职业教育坚持工学结合、知行合一人才培养模式的重要性，为今后一段时间我国职业教育的发展指明了方向。

工学结合作为一种育人模式，是将理论和实践结合的、具体可行的教育模式，体现了教育与经济、学校与企业、读书与劳作的有机结合。一方面，强调学校和企业两个主体之间的"零距离"联系；另一方面，强调学习者的劳动和学习两种行为之间的协调，即工学交替。可见，工学交替是工学结合育人模式的主要形式。

一般认为，工学交替是在以人为本、就业导向的教学思想指导下，以培养学生合格的职业能力为基本目标，根据职业特点，组织学生在学校与企业两种不同的学习环境，运用不同的学习方式交替完成理论学习与实践的过程。然而，工学交替不是课堂教学和实践教学的简单交替，而是以实现专业培养目标为主线，在校内突显教学的"生产性"，在校外突显实践的"教学性"的培养模式。传统的职业教育培养强调使学生掌握技能和知识，而工学交替则强调提高学生的实践能力，包括发现问题和解决问题的能力。传统的企业实践教学一般安排在校内课堂学习完成之后，而工学交替中的企业实践教学则安排得很灵活，除了可安排在校内课堂学习完成之后外，也可安排在相关课堂教学之中，使学生对技能和知识的学习更加及时且高效。

"坚持校企合作、工学结合，强化教学、学习、实训相融合的教育教学活动。"这是党和政府对当前职业教育改革提出的重要任务，而校企合作的人才培养模式是一种以市场和社会需求为导向的职业教育运行机制；是学校和企业双方共同参与人才培养过程，以培养学生的全面素质、综合能力和就业竞争力为重点，利用学校和企业两种不同的教育环境和教育资源，采用课堂教学与实际工作有机结合，来培养符合用人单位需求的应用型人才的教学模式。目前，在国家宏观政策的引导下，我国职业教育领域实施的工学结合、校企合作人才培养模式在理论层面、实践层面、政策制度层面都得到了高度认可。但从调研反馈情况来看，我国开展校企合作的时间短、经验不足，和发达国家如德国、日本、美国等相比，还有很大差距。学校与企业合作普遍处于浅层次水平，校企合作平台在很多学校和企业间还没有真正搭建起来，更缺乏有效措施，运行较为困难。正如《国务院办公厅关于深化产教融合的若干意见》（国办发〔2017〕95号）所指出的：受体制机制等多种因素影响，人才培养供给侧和产业需求侧在结构、质量、水平上还不能完全适应，"两张皮"问题仍然存在。

（二）酒店管理专业实行工学交替人才培养模式的意义

1. 体现了酒店业的行业特点

就行业性质来看，酒店行业是一个劳动密集型行业，需要大批高技能、高素质人才在一线开展服务与管理工作，这些服务与管理人员需要掌握高度灵活的服务技巧，因为服务技巧，因人而异，因事而变，具有经验性和复杂性的特点。学习与岗位相关的服务技巧所需要的环境是校内实践条件难以还原和模拟的；而与人打交道的能力仅靠课堂培养同样是不够的，它需要在真实的工作中反复锤炼才能提高。行业特点决定了酒店业的人才需要学校与企业双方共同培养。

2. 符合高职教育人才培养的目标

酒店管理专业人才培养方案明确了专业培养目标：培养从事服务与管理等第一线工作的高素质、高技能复合型人才。技能型人才，只有通过大量的实践锻炼和实际工作才能真正培养出来。工学交替模式为理论—实践—理论—实践的滚动循环培养模式，在这一循环过程中，学生的理论知识得到不断深化，实践能力得以提升，学生能够逐渐适应市场，这体现了职业教育持续学习、反复强化实践的教学内涵。这一点在实行五年一贯制学制的高职中表现得更加明显。

3. 反映了职业教育社会性特点

职业教育是为人的终身教育服务的一类教育，因为人的学习是一个可持续的发展过程。它直接面向行业企业，结合岗位要求，突出实践性、技能性。工学交替重点体现学生在学校学习与在企业工作的交替结合，学生不断在实践中检验所学知识，在理论学习中升华技能知识。因此，工学交替是一种与社会行业企业紧密结合的最佳培养模式。

（三）酒店管理专业工学交替存在的不足

我国职业教育工学交替理论研究在"工""学"结合程度上的研究有所欠缺，理论与现实的合理对接问题没有得到很好的解决。酒店管理专业在这一问题上表现得更为明显。

对于酒店管理专业来说，很多业界人士发现，职业院校酒店管理专业的毕业生，虽然在知识积累方面有一定基础，但有些知识已经过时，而且对行业内新生的事物比较陌生，在操作技能方面比较程式化，很少能够做到随机应变。出现这些问题，一方面反映了酒店业对操作技能强、综合素质高的人才需求；另一方面反映了酒店管理专业毕业生呈现出理论与实践脱节的现象，不能完全适应酒店对人才的要求。另外，还有很多毕业生因不愿从事基层服务工作而转行，使学校对酒店管理专业人才的培养劳而无功。具体分析酒店管理专业工学交替实施中的问题，主要表现为以下几点。

1. 实施无保障

由于校企合作的政策缺失，合作机制不够健全，工学交替实施无保障。一是时间上无保障，酒店行业淡旺季需求差异，无法保证工学交替的有序实施。二是培养目标上无保障，酒店企业以营利为首要目的，企业大多将学生看成是一种廉价劳动力，往往并不关注学生是否学到了全面的技能。

酒店行业存在比较明显的淡旺季需求差异，属于业务不稳定性行业，因此酒店企业对学生的需求也存在不稳定性。当旺季来临，企业需要大量的人力时，对学校的实习生会表现出很大的热情；淡季时，企业无须设置那么多的岗位，也就不愿接受学校的实习生了。另一方面，酒店企业以营利为首要目的，因此在接受学生工学交替的过程中，企业大多将学生视同兼职劳工，给他们安排的基本上是对技能要求不高的工作。这就导致企业与学校的目标无法达成一致，最终影响到工学交替的效果。同时，由于单个酒店企业人才需求有限，学生实习较为分散，学校较难对实习学生进行管理，尤其是在安全方面管理压力较大。

2. 内容不系统

传统工学交替以单一教学内容为依据实施，呈现碎片化的特征。而实际开展工作往往需要综合技能。这样的工学交替，不能让学生因胜任岗位工作而获得成就感，学生的积极性会逐渐降低，岗位学习效率低下；相应地，企业的积极性也必将受到影响。

一些学校在培养学生时采取"临时晚工""周末打工"或者"旺进淡出"等形式，都是迎合企业需求，以提供劳动力为目的，学生从事的大多为传菜、大型宴会服务等工作，对综合能力的提升帮助不大。这样的做法反映出学校在对酒店管理专业的学生进行培养的过程中目标意识淡薄。职业院校酒店管理专业学生初始就业目标单位主要为高星级酒店，这些酒店大多为中外品牌酒店，除了要求员工具备前台、餐饮、房务、酒吧等岗位操作技能外，对员工外语水平、接待能力均有很高的要求，世界技能大赛设置的"酒店接待"项目比较完整地涵盖了酒店接待岗位的能力要求，包括对当地和相关旅游文化信息知识的掌握、良好的书面英语和口语表达、较好的礼仪修养、得体的职业着装、良好的沟通表达技巧、解决突发事件的能力、宾客公共关系、计算机互联网应用技能、收银知识、预定程序、接待问询、入住退房、销售推广、投诉管理、当地景点文化推介等方面的要求（来源：第46届世界技能大赛江苏省选拔赛"酒店接待"项目技术文件）。这些是酒店前厅服务岗位的基本内容，也是一名成熟的前台员工必备的岗位能力，这样的能力要求绝不是"临时打工"就能掌握的。

3. 评价不科学

多数学校将学生的企业实践视作对课堂教学成果的检验，对学生的评价仍旧聚焦在理论考核，无视或淡化岗位考核。这样的评价违背了采用以岗位需求、就业为导向的工学交替人才培养模式的初衷。关键是，这样的评价不能真正评出学生能力的优劣，我们经常会发现在校内考试优秀的学生，包括技能考核优秀的学生到了工作岗位并不能令企业满意，甚至有在省级技能比赛中获奖的选手无法适应实际岗位的现象，主要原因还是学校的评价标准和评价体系脱离了行业实际。职业教育是与市场最贴近的教育类型，理应将行业的评价作为重要的考核依据。

课题组成员作为基层职业院校酒店管理专业的从教者，深切感受到酒店管理专业教育教学中校企双方的诉求及目前存在的问题，最主要是，课题组成员对如何将学生培养成令企业满意的酒店行业优秀接班人有着强烈的责任感和认同感。为中国酒店行业培养优秀的从业人员，助力中国酒店管理水平赶超欧美发达国家。我们必须呼应国家对职业教育的要求，大力推行校企合作、工学结合，这是贯彻执行国家政策的要求，同时也是基层职业院校事业发展的必然选择，显然也是酒店行业发展的迫切需求。因此，进行全程工学交替人才培养模式改革是课题组成员的自觉选择。

第三节 研究内容

（一）研究思路

近年来，作为职业院校酒店管理专业教学的热点问题——工学交替教育理论的研究，在一定程度上反映出职业院校酒店管理专业教育的发展趋势。目前，我国职业院校酒店管理专业关于工学交替理论的研究与探索不仅仅停留在借鉴国外合作教育的成功经验上，而是在不断地探索适合自身发展的工学交替模式，但在实际的操作过程中，仍然存在很多问题。

课题组成员在结合自身工作经验的基础上查阅了大量研究文献，并对职业院校、企业和学生（含毕业生）开展问卷调查，针对职业院校酒店管理专业在教学质量方面存在的具体问题，试图从根源上搞清楚职业院校酒店管理专业工学交替人才培养模式在实施过程中出现的亟待解决的问题，从而从实践操作层面提出相应的解决方案，提高职业院校酒店管理专业教学质量。

本书运用全程工学交替的概念构建酒店管理专业的人才培养模式，尝试实现酒店管理专业学生在校期间理论学习与实践操作的全程结合，在此基础上，对酒店管理专业人才培养目标设定、课程体系建设、教学方法与手段改革、师资队伍培养、人才培养途径深化、保障机制建立等方面进行系统的科学实践，提出操作性较强的实施意见和建议。

（二）研究框架

本书研究的主要框架有互相联系的几个部分。

（1）职业院校酒店管理专业人才培养模式的调查分析研究。从企业、学校、学生三个层面对职业院校酒店管理专业人才培养模式进行调查，并通过数据分析，找出目前酒店管理专业工学交替人才培养模式存在的问题。

（2）酒店管理专业全程工学交替人才培养模式目标体系的构建研究。具体包括：

① 培养目标。一是培养方向，指酒店管理专业培养的是从事何种工作的人；二是培养的具体标准，也就是学生要具备什么素质，达到什么要求。

② 课程体系。深入调研酒店企业，分析职业岗位需求，确定知识和能力结构，结合酒店管理专业特殊性设计、开发专业课程体系。

③ 教学方法。注重学生的实际工作能力和综合素质的培养，需要在教学方法和教学手段上，结合职业院校酒店管理专业自身特点，以专业技能训练为主，同时传授适用的、够用的理论知识，努力实现理论教学与实践教学的有机结合。

④ 人才培养路径。学校教学与企业实践相结合，师生与企业员工相结合，理论与实践相结合，通过深入的校企合作，以专业课教师挂职锻炼等形式，培养能够满足行业发展需要的酒店管理人才。本书从实践层面出发，为上述目标体系的达成提出合理化建议。

（3）酒店管理专业全程工学交替人才培养模式的教师队伍建设研究。结合目前职业院校酒店管理专业师资队伍的现状，就如何打造一支既有扎实的理论功底和科研能力，又有丰富的企业从业、管理经验，特别是具有较强的酒店实际工作能力的"双师型"教师队伍，以及如何合理引入兼职教师，如何合理分配专兼职教师的课程，如何与企业合作共同培养企业实践指导师傅等问题给出合理性建议。

（4）酒店管理专业全程工学交替人才培养模式的校内外实训基地建设研究。针对现阶段酒店管理专业校内外实训基地不足、实训资源分配不均、学生的校外实践教学缺乏保障等现象，解决如何改革酒店管理专业校内模拟式实习实训，缩短专业实践教学与就业岗位的距离，如何赢得企业的支持，鼓励企业全程参与，如何开展更深层次的校企合作等问题。

（5）全程工学交替人才培养模式实施中学生管理的研究。主要研究在学生进入企业学习的过程中，进行学生管理的办法及校企双方各自应承担的责任。学生管理包括学习管理、纪律管理、生活管理等。

（三）研究方法

课题组通过对国内外关于职业教育校企合作研究文献的整理分析，以及对目前职业院校校企合作现状的调查，对现阶段校企合作中存在的问题进行了分析，并对全程工学交替人才培养模式进行了即时研究，在研究的不同阶段，分别采用以下方法。

1. 文献研究法

文献研究主要指搜集、鉴别、整理、汇总文献，并通过研究形成相关的科学认识和方法。课题组运用文献研究法对国内外有关的研究成果进行梳理，通过分析总结，掌握目前国内外研究进展，为研究提供理论依据和方向。另外，对国内职业院校酒店管理专业人才培养方案的资料进行系统整理，以此为依据，分析培养方案中存在的问题及构建酒店管理专业全程工学交替人才培养模式的科学性和合理性。

2. 调查研究法

通过问卷调查和访谈等形式了解江苏省职业院校酒店管理专业人才培养模式的现状、存在的问题及其原因，特别是人才培养目标设定、课程体系建设、教学方法与手段改革、师资队伍培养、保障机制建立等方面。以此为依据，通过分析现代酒店业人才需求与酒店管理专业人才供给双方的矛盾，构建酒店管理专业全程工学交替人才培养模式架构，指导酒店管理专业更加直观地思考人才培养的问题。

3. 行动研究法

行动研究是研究者为了解决具体问题、落实研究行为而开展的一个规范的探究过程。开展行动研究,是为了促进或改善行为,在具体的课题研究中将通过行动研究落实和检验预设方案。课题组从制定职业院校酒店管理专业全程工学交替人才培养模式入手,到进行全面的人才培养模式的研究、实践教学模式的运行,以及课程开发与教学模块开发的研究等系列工作,进行了多年的实践探索,积累了丰富的经验。

4. 经验总结法

经验总结是通过对实践活动中的具体情况,进行归纳与分析,使之系统化、理论化并上升为经验的方法。课题组从职业院校酒店管理专业全程工学交替人才培养模式的实践研究中总结经验,撰写研究报告、研究论文,在实践中反思,在反思中实践。

(四) 研究的重点与难点

本研究的重点在于通过调查问卷法对目前我国职业院校酒店管理专业工学结合教育模式现状进行分析,进而对我国职业院校酒店管理专业工学交替教育模式存在的问题进行深入分析,从而在此基础上构建职业院校酒店管理专业全程工学交替人才培养模式架构,并对全程工学交替人才培养模式提供建议,以达到促进构建切实可行的全程工学交替人才培养模式的目的。全程工学交替人才培养模式实施的难点在于全程工学交替人才培养模式中企业的角色定位和参与形式,以及在此过程中学生的管理。

(五) 研究创新

本研究的创新点在于首次运用全程工学交替概念进行酒店管理专业的人才培养模式的构建,利用校企两个"场域",尝试实现职业院校酒店管理专业学生学习过程中理论学习与实践操作的全程结合,将专业实践环节作为一个整体,在学习全过程中,系统定位、统筹安排,让实践要素在时间上全程贯通,在空间上全方位拓展,在内容上全面整合,在理念上全息浸透,在课程结构上全维统整。在此基础上,对酒店管理专业人才培养目标设定、课程体系建设、教学方法与手段改革、师资队伍培养、人才培养途径深化、保障机制建立等方面进行系统的科学实践,提出操作性较强的实施意见和建议,希冀对职业教育人才培养模式的改革创新提供借鉴。

(六) 研究价值

一是理论价值。全程工学交替人才培养模式是建立在建构主义基础之上的,职业院校酒店管理专业全程工学交替人才培养模式设计和实施的成功,更进一步证明了建构主义对该模式的指导作用。研究者结合多年的教学及教学管理经验，充分发挥政府、学校和企业三重平台的作用，进行酒店管理专业全程工学交替人才培养模式的框架构建。本研究提出的全程工学交替人才培养模式架构，是由职业院校、企业、主管部门、行业协会等共同组建成的创新集群共同构建的，主管部门起支持与引导作用，学校进行整体设计与规划，企业提供真实的学习实践场所与环境，让酒店管理专业学生能够在真实的工作环境中学习专业知识，运用实操技能，感受、体验并理解他们将来的真实工作，从而找到自己的学习方向，以激发其自身的求知欲。学生能够通过这种模式在做事的过程中学习，在学习的过程中做事，做到"做学"一体，从而培养其获取知识和技能的主观能动性，全面提高能力和素质，为以后在社会工作和生活中自我发展、自我完善打下基础。学校和酒店企业共同参与学生的培养，确立学生在学习中的主体地位，让教师成为学生建构知识的忠实支持者、积极帮助者和引导者，让学生成为教学活动的积极参与者和知识的积极建构者，从而推动"教"的改革、"学"的效果和教学质量的提高，实现从"以教师为主体"到"以学生为主体"的转变，并进一步证明教育与劳动相结合理论、建构主义理论、体验式学习理论对职业教育具有很强的指导意义。

　　二是实践价值。通过全程工学交替人才培养模式的实施，学生的职业素养由低到高、由浅入深循环递进，经过企业认知、企业学习、企业体验、企业实践、企业顶岗五个阶段，做到校企融合、全程合作、共同育人，在学校和酒店企业共同参与学生培养的机制下，构建一种可以融合工作与学习的情境化职业教育模式。以此确立学生的主体地位，以"学"的活动为教学改革的切入点，通过学生学习方式的变革来推动"教"的改革和教学质量的提高，推动从"以教为本"到"以学为本"转变，实现对知识、技能、情感态度等内容的主体性建构，使工学交替人才培养模式贯穿"全程"。在科学实践过程中，对全程工学交替人才培养模式下人才培养、课程体系、教学方法、校企合作、团队建设、实训基地建设等进行理论创新。同时，通过全程工学交替人才培养模式的实施，推动学校和酒店企业合作，以酒店行业企业标准和学校标准为基础，校企合作，共同制订和修订人才培养方案、共同构建课程体系和制定课程培养目标、共建实习实训基地、共同打造校企合作教师团队、共同进行校内外实训基地的管理等，使学生、学校和企业三方受益，达到"三赢"的效果，从而推动酒店管理专业人才培养模式不断改革创新，人才培养质量不断提高。

三是探索价值。五年制高职是21世纪我国高职教育的一次创新，是现代职教体系的新建构，江苏省五年制高职成立以来，实现了中职教育向高职教育转变的有益探索，取得了较为丰硕的实践和理论研究成果，办学质量得到社会认可。然而，由于学校办学历史较短，可借鉴的经验较少，基本依托自身的大胆探索，所以不可避免地存在着人才培养理念不统一、五年制高职自身定位不清楚、教学管理体系不完善等问题。在这样的背景下，非常需要五年制高职学校、各专业进行基于充分调研和理论研究的实践探索。本课题研究，主要内容为酒店管理专业人才培养模式的实践研究，有利于彰显五年一贯制学制的优势，有利于专业人才培养模式的改革创新，有利于人才培养效益的提高。

第四节　研究的理论依据

一是教育与劳动相结合理论。马克思在《资本论》中指出："生产劳动同智育和体育相结合，不仅是提高社会生产的一种方法，还是造就全面发展的人的唯一方法。"而教育与生产劳动和社会实践相结合，是我国职业院校进行工学结合的指导思想，职业教育的实践必须在真实的工作场景中进行，工学结合能够使学生获得与职业岗位要求相一致的工作能力和技术。要想使酒店管理专业学生有很强的实践能力和发展后劲，在职业院校酒店管理专业人才培养模式的实施过程中，必须充分贯彻马克思主义教育理论，探索总结实用型、技术型、技能型专门人才培养的基本规律，不断推进酒店管理专业教育教学改革和人才培养机制建设。

二是建构主义理论。建构主义观点是由瑞士心理学家皮亚杰于20世纪60年代提出来的。皮亚杰在《发生认识论原理》中主要研究了知识的形成和发展，他从认识的发生和发展这一角度对儿童心理进行了系统、深入的研究，提出了认识是一种以主体已有的知识和经验为基础的主动建构的观点。此后，这一观点经过许多心理学家、教育学家，如维果斯基、科尔伯格、卡茨、乔纳生、布鲁纳等人的丰富与发展形成了比较完整的理论，为其应用于教学过程创造了前提条件。该理论的产生对传统教学产生了巨大影响，完全改变了以往以教师为中心的教学形态，使教学活动以学生为中心，可以说是教育史上一次重大的变革。

建构主义理论对师生角色的定位是：教师是学生建构知识的忠实支持

者、积极帮助者和引导者，应当激发学生的学习兴趣，引发和保持学生的学习动力；而学生应该是教学活动的积极参与者和知识体系的积极建构者。建构主义理论认为，学习不是简单地由教师把知识传递给学生，学生被动接收信息的过程，而是由学生根据自己已有的经验背景，对外部信息主动进行选择、加工和处理，从而主动建构知识的过程。教师与学生及学生与学生须针对某些问题共同进行探索，并在探索的过程中相互交流和质疑，了解彼此的想法。这对职业院校设计培养学生工作能力的路径具有极强的指导意义。

三是体验式学习理论。教育的发展与认知心理学有着非常密切的关系。体验式学习理论的重要代表人物大卫·科尔布认为学习不是内容的获得与传递，而是通过经验的转换创造知识的过程。他用学习循环模型来描述体验式学习，并提出有效的学习应从体验开始，进而对体验发表看法，然后进行反思，总结形成理论，最后将理论应用到实践中。在这个过程中，他强调共享与应用。西方的教育管理者认为，这种强调"做中学"的体验式学习，能够使学习者的潜能真正发挥出来，是提高学习效率的有效方式。体验式学习理论对以教师、传统教材和教室为中心的职业教育模式提出质疑和挑战，在以教师、传统教材和教室为中心的职业教育模式中，学生被局限在狭小的空间内被动地接受知识，其学习的自由和潜力的发挥被限制了。体验式学习理论为工学交替教育提供了理论基础，职业院校通过与相关企业的合作，为学生提供了一个真实的学习实践环境，让学生在真实的工作环境中身体力行，去感受真实、体验真实、理解真实，从而找到自己真正的学习需求和学习方向，以激发自身求知和奋发向上的欲望，让学生在做事中学习，在学习中做事，培养学生自主学习知识和技能的能力和素质，以便其在以后的工作和生活中更好、更快地自我发展和自我完善。

四是"做中学"理论。杜威在《民主主义与教育》中所提出的"在做中学"这一宝贵思想产生了深远的影响，至今依然有着重要的现实意义。"在做中学"是杜威的全部教学理论的基本原则。杜威认为："所有的学习都是行动的副产品，所以教师要通过'做'，促使学生思考，从而学得知识。"杜威把"在做中学"贯穿到教学领域的各个主要方面中去，诸如教学过程、课程、教学方法、教学组织形式等，都以"在做中学"的要求为基础，形成了"不仅塑造了现代的美国教育，而且影响了全世界"

的活动课程和活动教学。

  2001年，我国教育部和中国科学技术协会共同启动在中国开展名为"做中学"科学教育改革项目。"做中学"发端于非职教领域，但教育的共同性在"做中学"这一命题中得到完美体现。工学交替、理实一体是职业教育的本源特征，这和"做中学"的要求完全一致。当然，职业教育的"做"有着更丰富的工作背景，也有着更多元的组织形式。

第五节 文献综述

（一）国外研究综述

  欧美国家很早就已经形成了相对较完整的工学交替人才培养模式。1903年英国桑得兰德技术学院开始实施的被称为"三明治"的教育模式，以及1906年美国俄亥俄州辛辛那提大学实施的"合作教育"，都是国外较早实施的工学结合人才培养模式，这些人才培养模式影响了后来德国、法国、澳大利亚、加拿大、日本、新加坡等国的职业教育发展。这些模式注重基本素质教育，强调教学过程中理论与实践的结合，目标是培养既具有较强的理论基础，又具有出色的动手操作能力的学生。

  20世纪70年代中期以后，一些发达国家出现了另一种职业教育模式，即由企业自建的"以企业为本"的职业教育。由于经济的快速发展，企业为了提高其核心竞争力，在传统学徒制的基础上，更加注重员工基本素质的提升，加强自我培养力度，对企业内部人才进行在岗培训。其中，美国、德国、日本、英国等国所取得的成功经验引起了各国的广泛关注。

  最初在德国实施的"双元制"，是国际上存在的另一种"产学合作"模式，在职教领域举世瞩目，其成果在职业教育领域始终处于世界领先地位，被称为"德国战后经济迅速腾飞的秘密武器"。如今，德国"双元制"模式已经被多个国家认可并进行广泛推广，英国的"工读交替"制、日本的"产学合作"、美国的"合作教育"等都借鉴了德国"双元制"培养模式的经验。

  经受了这么多年的考验，实践证明"产学合作"模式在教学实施过程中具有较强的灵活性，而且校企双方的优势可以得到更好的互补。这种模式也体现了校企双方在理论知识及文化素质教育和职业实际操作技能训练上分工明确、理论与实践结合紧密，以及学校和企业资源共享的原则，其生命力是很强的。20世纪80年代后期,"产学合作"模式被各国作为最成功的职业教育模式而纷纷被倡导和效仿。

"洛桑模式"是瑞士洛桑酒店管理学院的人才培养模式,可以为我们提供更加有益的参考。作为世界上历史最悠久、专业声誉最高的国际酒店管理人员培养学校之一,瑞士洛桑酒店管理学院百余年来,在酒店管理人才培养和旅游教育理念的探索方面卓有成效,"洛桑模式"也成为国际公认的酒店管理人员培养的成功模式。洛桑酒店管理学院和很多其他国家的学校一样,是一所开放性大学,不同的是学校没有传统意义上的教学楼,而是把一家酒店既作为教室,又作为营业场所。酒店内部的设备应有尽有,但与普通酒店所不同的是,在酒店的最里面加入了图书馆、阅览室、教室、多媒体教室等教学设施。学校的学生具有多重角色,他们既是酒店的服务员或管理人员,又作为客人进行实际消费。他们的老师多由国际品牌酒店的总经理来担任,并定期更换,其设置的课程也会随着社会的发展而不断更新。据统计,在当前全球排名前16的大型酒店集团中,就有9家酒店集团的总裁或董事长是洛桑酒店管理学院的毕业生。于此,洛桑酒店管理学院在酒店领域的实力和影响力可见一斑。

(二)国内研究综述

国内学界对工学交替人才培养模式的研究时间虽不长,但已取得了不少成果,不过这些大多是以学校为主体进行的研究,是从学校本身的利益出发的;另外,研究探讨"校企合作"人才培养的,也不在少数。相关文献主要分为三个方面:一是从市场需求角度出发,研究酒店管理人才"供需错位"和"潜流失"现象,对酒店管理人才培养模式进行研究分析和创新的探讨;二是对学校酒店管理专业人才培养的实践探讨;三是对校企合作人才培养的研究。

很多国内学者对人才培养模式内涵进行了界定。曾令奇、张希胜认为:人才培养模式是指在一定的教育理论、教育思想指导下,按照特定的培养目标和人才规格,以相对稳定的教学内容和课程体系、管理制度和评估方式,实施人才培养的过程的总和,它由培养目标、培养制度、培养过程、培养评价四个方面组成。陈祖福认为:所谓人才培养模式,是指为受教育者构建科学的知识、能力、素质结构,以及怎样实现这种结构的方式。李志国提出:人才培养模式是指施教者在一定教育理念引领下,以社会需求和培养目标为导向,依托自身可利用的办学条件,在特定时限内为受教育者达到一定规格要求所预设的知识、能力和素质结构，以及实现这种结构的较为稳定的施行范式。吕凤军将人才培养模式定义为：在产学研结合、校企合作的教育思想指导下，以直接满足企业发展和社会发展需要为目标，以培养学生适应生产、建设、管理和服务等的社会职业能力为主要内容，通过理论与生产实践相结合的教育教学方法，对人才培养的全过程进行社会化和系统化设计，具备一套完整的管理制度和评估体系的人才教育的过程。

在工学交替基本概念的研究方面，赵秀荣分析了工学交替的定义，并对这种模式的作用和意义进行了评价，在此基础上提出了工学交替的原则。朱江峰、肖海明探讨了工学交替下的专业教学改革和人才培养模式改革。公昆对工学交替的教学评价做了研究，认为工学交替下教学体系要有开放性，这种开放性不仅体现在教学活动的主体由单一的学校变成企业和学校两个主体，而且要实现全面的开放化，对教学场所、教学内容、师资队伍、教学评价及教学资源的构成等进行开放式设计。江孝东、高士忠论证了工学交替对培养高技能人才的作用，认为学校、企业、学生三方构成了校企合作的主体，具有互为资源要素的供求关系，学校需要提高社会效益，企业需要学校提供人力资源和技术支持，学生需要成才和就业。同时，他们认为：实际上企业的积极性并不如理论论证的那么高，工学交替的实施是"方向正确，试验有效，推广困难"，其实，实施工学交替在某种程度上是在重构职业教育体系。

在校企供需关系的研究方面，有一些学者注意到酒店管理专业和用人单位虽然供需两旺，但供需严重错位，进而从市场需求的角度对人才培养模式进行了研究分析和构建。瞿立新以高职酒店管理专业为例，提出了以就业为先导，以岗位和岗位群为主导的高职人才培养模式，有一定的创新性；游富相从供需错位现象切入，反思了当前高职酒店管理专业人才培养模式的问题和缺陷，分析了造成高职酒店管理专业人才供需错位现象的根本原因，提出了规避路径，构建了企业全程参与下的高职酒店管理专业人才培养模式，即企业全程参与高职酒店管理专业人才培养目标设定、培养过程、培养制度制定及培养评价。

在探讨酒店管理人才培养的研究方面，韩芳对职业院校酒店管理专业人才培养模式进行了较全面的研究。张明、孙毅以工学结合为切入点，研究了酒店管理专业的人才培养模式。招建贞对高职学校酒店管理专业的顶岗实习进行了探索和设计。朱巧芳、饶雪梅探讨了酒店管理专业人才培养模式的构建。张秋桃针对社会发展和酒店人才需求的现状，论述了加强高职院校酒店管理专业教育中学生的能力训练和素质培养的必要性，并从转变人才培养模式、改革课堂教学内容和模式等方面做了具体论述。

在酒店管理专业人才培养中应用合作模式的研究方面，有的学者提出校企合作在酒店管理专业中的可行性，并进行了实践探讨。梁方君基于高等职业教育教学管理的实践，阐述了校企合作教育的必要性、校企合作教育的效果，以及如何通过构建校企合作教育的人才培养模式，逐步形成高等职业教育办学特色。伍建海坚持酒店管理专业应始终与企业合作办学，以市场需求为导向，以培养高级应用型酒店管理人才为目标，以培养学生的岗位技能为主线，实行"订单式"人才培养模式和双证书教育制度，逐步形成高等职业教育办学特色。刘跃萍以酒店管理专业为实证，提出校企互动的几点思考。王美玉以闽西职业技术学院酒店管理专业为例，探讨了企业全程参与式人才培养模式。有些学校对"订单式"人才培养模式进行了实践，姜红提出，要加强高职学校酒店专业产教合作，实行"订单式"办学。

酒店管理专业人才培养创新的研究方面，方敏、沈建龙以浙江旅游职业学院酒店管理专业为例，积极探索深度校企融合的"企业学院制"的创新人才培养模式，初步形成了以核心应用能力为主体的专业教学特色。曾九江、刘华力图从操作层面来探索一条符合高职教育特点的酒店管理专业人才培养模式，即以"校企合作"为前提，以创新日常教学管理为重心，以顶岗实习为关键的"三步走"人才培养模式。李治、杨光、范士陈借鉴前人的相关研究，对旅游业发展新形势下的国际水准酒店人才的含义和基本要素做了探索，并依据人才培养模式，从培养目标、课程设置、教学模式、师资水准和实践教学等人才培养的主要方面分析了目前我国酒店业人才培养模式中存在的问题，针对现存的问题提出了相应的改革完善建议。

综上所述，学界对于酒店管理专业人才培养模式已经有较系统的研究，总结了一些成功的模式，但对于学校与企业合作培养酒店人才这种模式的研究，基本上还处于探索阶段，研究的对象基本上是学校主动的合作模式，主要存在以下问题：第一，对工学交替理论，尤其是职业教育的理论核心和指导思想认识不足。第二，工学交替理论研究的系统性不够。第三，在"工"与"学"两个方面结合的研究上，理论与现实的合理对接问题没有得到很好的解决。

我国现阶段职业院校工学交替人才培养模式主要有"订单式培养""理论实践一体化"等，发展颇为迅猛，而学界对全程工学交替人才培养模式并没有系统的研究，相关文献研究较为缺乏。

第六节 相关概念界定

酒店管理专业：根据最新国家高职专业目录，酒店管理专业（专业代码：640105）的培养目标为掌握现代饭店经营管理的基本知识和服务技能，从事饭店经营管理和接待服务的高级管理人才与高级技术应用型专门人才；学生就业主要面向旅游饭店、酒店的管理与服务技术岗位。

江苏联合职业技术学院 2004 年起开设旅游管理专业，含酒店管理方向，为学院重点建设专业，2016 年江苏联合职业技术学院开设酒店管理专业。目前，江苏联合职业技术学院共有 11 个分院（办学点）开设酒店管理专业（方向）。

工学交替：工学交替是指在以人为本、就业导向的教学思想指导下，以培养学生合格的职业能力为基本目标，根据职业能力的形成特点，组织学生在学校与企业两种不同的学习环境，分别在课堂与酒店两种不同的学习场景，运用不同的学习方式交替完成理论与实践学习的过程。它是一种将学习与工作相结合的教育模式，形式多种多样。

英国桑得兰德技术学院工程系和土木建筑系于 1903 年开始实施的"三明治"教育模式是最早的工学交替教育模式。1906 年，美国俄亥俄州辛辛那提大学开始实施与英国基本相同的工学交替教育模式，并称之为"合作教育"。1983 年，总部设在美国马萨诸塞州波士顿的东北大学的世界合作教育协会成立，来自 40 多个国家的协会成员，每年召开一次国际性会议，影响越来越大。目前，发达国家及国内部分发达地区工学交替教育模式发展的重点是安排学生进行跨国工作实践，以达到教育国际化的目的。我国工学交替的教育模式在"文化大革命"时期就出现过，当时是以"半工半读"的形式出现的。改革开放以后，于"八五"和"九五"期间在全国进行了试点，但当时只是在中等职业院校开展继续教育。工学交替可理解为使学生将在学校进行的课堂理论学习和在社会生产岗位上的工作相结合的培养模式，即学校学习和企业工作两个过程交替进行。工学交替模式，不管是英国的"三明治"模式、美国的"合作教育"、德国的"双元制"模式，还是中国的"2+1"或"1+1+1"模式，都是校企双方为了达到"双赢"的目的，在充分利用学校与企业两种资源和环境联合办学的过程中逐步形成的，目的是使学生的理论学习与实践操作有机结合起来。在学生入职前的实践阶段，给予他们在实际工作中学习经验的机会，工学交替模式指的不是短暂的实习或参观，而是一种与学校本位课程紧密结合的工作本位学习。

全程工学交替：本书中的全程工学交替是指酒店管理专业在具体人才培养实施过程中，依据学生认知规律，依托校内外实训基地，在培养全过程中，采取的全程工学交替人才培养模式。整体原则为由低到高、由浅入深循环递进；通过企业认知、企业学习、企业体验、企业实践、企业顶岗五个阶段，做到校企融合、全程合作、共同育人。使工学交替培养模式贯穿学生学习生活全程，充分利用学校和企业两种学习场所，让学校和企业相互渗透，共同承担育人功能。

人才培养模式：我国关于人才培养模式的研究起源于20世纪80年代后期，发展于90年代中期。广义上的人才培养模式的界定是把其内涵扩大到整个管理活动的范畴内进行考虑的，是指在一定的教育思想指导下，为了实现特定的人才培养目标而构建起来的人才培养结构和策略体系，它是对人才培养的一种总体性表现，具有明显的系统性和典型性。狭义上的人才培养模式的界定则是在教学活动的范畴内对其内涵进行诠释，是指在教育思想、教育观念、课程体系、教学方法、教学手段、教学资源、教学管理体制、教学环境等方面按一定规律有机结合的一种整体教学方式，是根据一定的教育理论、教育思想形成的教育本质的反映。课题组认为，人才培养模式是学校在实现其人才培养目标的过程中，为学生构建的知识、能力和素质结构，以及为了实现这种结构而对培养目标、课程体系、教学方法、师资队伍、实践教学、教学评价体系等方面进行组织的模式和实施方式。

第二章

酒店业人才需求与酒店职业教育

当前，我国旅游业已全面融入国家战略体系，走向国民经济建设的前沿，成为国家经济社会发展的战略性支柱产业，是中国第三产业中最具活力与潜力的新兴产业，在国民经济中的地位不断得到巩固和提高。"十三五"期间，全面建成小康社会、贯彻五大发展理念、推动供给侧结构性改革都为旅游业发展提供了重大机遇。我国旅游业迎来了新一轮黄金发展期。

作为旅游业的主要基础设施，旅游酒店数量和服务质量是旅游业发展水平的重要标志之一。酒店行业是改革开放后第一批引进外资的试点项目，是开放最早、市场化程度最高、最先与国际接轨的行业之一。酒店行业见证中国的"改革开放"之路。时至今日，酒店仍是一扇窗，展现着中国充满活力的未来。

国际酒店管理集团纷纷进入中国，客观上缩小了我国酒店业与国际酒店业的差距，使我国酒店业发生了质的飞跃，成为开放最早、市场化程度最高、最先与国际接轨的行业之一。

发展旅游业，人才是软实力，它决定着旅游业的服务质量和综合水平。旅游人才资源是旅游业发展的第一资源。我国一直高度重视旅游人才的培养工作，早在2009年，《国务院关于加快发展旅游业的意见》对加强旅游人才队伍建设提出了明确要求；2010年，中共中央、国务院印发的《国家中长期人才发展规划纲要（2010—2020年）》首次将"加大旅游等现代服务业人才培养开发力度"列为加强全国专业技术人才队伍建设的主要举措之一。当前，立足新发展阶段，面对新形势、新任务、新要求，旅游人才队伍建设必须在人才数量、质量和结构上与旅游行业的发展相适应，必须加大人才工作投入，完善人才体制机制，不断优化人才发展环境。

第一节　我国酒店行业现状和发展趋势

（一）我国酒店行业发展现状

文化和旅游部发布的《2019年度全国星级饭店统计报告》显示：截至2019年年底，全国星级饭店管理系统中共有星级饭店10 003家，其中一星级62家，二星级1 658家，三星级4 888家，四星级2 550家，五星级845家。另外，还有大量没有评星的接待酒店、度假村等。世界旅游组织预测，今后的50年内中国酒店业的影响力将会超过美国。

1. 旅游行业规模大、前景好，是国家重点支持和鼓励的产业

从宏观层面来看，伴随着"供给侧改革"的实施，以及"一带一路"倡议的旅游资源布局，经济结构继续朝着有利于旅游服务业和消费领域的方向优化；与此同时，居民收入持续增长，人均可支配收入逐年增加，中产阶级队伍不断扩大，旅游正在成为大众消费的新热点。旅游业在国民经济中的地位决定了酒店业的市场地位。酒店业的发展离不开对旅游业的观察与了解，作为旅游服务业三大支柱之一，酒店业正随着中国旅游服务业的发展开始转型升级，迈入新的发展期。

2. 消费升级，旅游业整体发展态势良好，酒店市场整体业绩维持增长

根据迈点研究院发布的《品牌蓝皮书：中国旅游住宿业品牌发展报告（2019—2020）》，随着社会发展，居民消费习惯的改变推动旅游住宿产业业态创新和产品更迭，中国市场高端酒店品牌提档，国内品牌不断涌现，自主化经营愈发明显；中档酒店品牌数量激增，丰富业态要素，实现增值效应；经济型酒店空间升级优化，中小单体酒店连锁整合推进；传统酒店业与非标准住宿跨界融合，民宿标准化运营推进。而人均GDP和城市化率这两个指标推动着今天中国消费不断升级。目前，国内人均GDP已超过1万美元，2019年，常住人口城镇化率首次超过60%。国内中产阶级人口数量增长，将成为酒店的消费主力，为酒店消费升级提供雄厚的消费能力支持。

3. 旅游业发展提速，推动酒店业持续发展

据文化和旅游部在2020年3月发布的《2019年旅游市场基本情况》显示，2019年，旅游经济继续保持高于GDP增速的较快增长。国内旅游市场和出境旅游市场稳步增长，入境旅游市场基础更加稳固。全年国内旅游人数达60.06亿人次，比2018年同期增长8.4%，国内旅游收入5.73万亿元，比2018年同期增长11.7%；入境旅游人数1.45亿人次，比2018年同期增长2.9%；国际旅游收入1 313亿美元，比2018年同期增长3.3%。全年实现旅游总收入6.63万亿元，同比增长11%；旅游业对GDP的综合贡献为10.94万亿元，占GDP总量的11.05%。旅游直接就业2 825万人，旅游直接和间接就业7 987万人，占全国就业总人口的10.31%。

无疑，旅游业的高速发展使酒店业受益明显。国内酒店经营数据显示，酒店市场整体业绩持续增长。截至2019年9月，中国高端酒店业平均入住率和平均房价呈现上升态势，平均每间房的收益增长率达3.6%。锦江、如家、华住三大集团平均房价亦开始步入提升阶段，继而推动Rev. PAR（每间可供租出客房产生的平均实际营业收入）持续增长。

就餐饮业来说，国家统计局最新资料显示，2020年全国餐饮业收入39 527亿元，占社会消费品零售总额的10.08%，同比下降16.6%，但这是在全球受到新冠疫情影响的背景下，2020年前4个月全国餐饮业同比下降40%以上的情况下所取得的成绩。应该说，总体情况好于预期，也证明了餐饮行业是民生产业、刚需产业，具有旺盛的生命力。

（二）酒店行业的变化及趋势

中国有14亿多人口，在消费升级、国家各项旅游利好政策及"八规六禁"发布这样的大背景下，酒店行业有着巨大的发展空间。另外，互联网和各项高新技术的应用对传统行业经营也造成了巨大的冲击，酒店的宏观环境和消费群体也发生了较大的变化。

1. 酒店市场格局及消费体验升级

从市场格局来说，政务市场极大压缩，商务市场无明显变化，但生活消费和其他类型的消费不断涌现。新增消费人群注重旅游的体验，对吃、住和深度游的要求明显提升。例如，首旅如家酒店集团将旗下的如家经济型酒店升级为更舒适、更时尚、更好玩的"如家酒店·neo"，并发布了全新中端社交酒店品牌"YUNIK HOTEL"，将科技、活动与宾客联动起来，在酒店场景中打造充满魅力的"社交场"——狼人杀、打碟、尬舞等活动应有尽有。首旅如家酒店集团内部还增设了一个叫"HO"（Happy Organizer）的岗位，由一群身怀"十八般武艺"、懂服务、更爱玩的90后组成的快乐管家、玩伴，带领顾客参与和体验各种活动。

2. 新业态涌现

在旅游住宿上，随着爱彼迎、途家、榛果、路客等平台及各类知名民宿、公寓品牌的不断涌现，可供消费者选择的住宿类型越来越丰富。这些新型住宿加入了文化体验等附加元素，受到广大消费者的欢迎。除了原来的星级酒店和经济型酒店外，民宿、房车、健康养老和有住宿功能的服务机构，构成了住宿业的新业态。

3. 移动互联网、大数据应用与住宿业的持续融合

以智能手机为主要特征的互联网产品，在中国迅速普及，由此催生一批与酒店业密切相关的、具有一定规模的互联网企业，深深影响了消费者的购买、入住及支付体验；越来越多的酒店利用数字技术进行客户管理并依靠收集的大数据进行分析，从而进行更加精准的营销与更加贴心的客户服务。

4. 人工智能在酒店业的广泛应用

人工智能的快速发展使机器能够胜任那些之前只有人才能做的工作。机器人已经越来越多地出现在当今的酒店中，承担着送餐、自助Check-in、回答询问等工作，同时也能收集到各种各样的客服数据。这对于做着这些常规工作的员工会有些威胁，但人工智能不会导致大面积的失业，当然，酒店员工将需要学习新的知识与技能。

5. 酒店管理方面更加精细，注重坪效

随着客户期望的不断攀升，酒店经营环境发生变化，竞争加剧，酒店的经营已不再是传统的硬件加软件。酒店人不仅仅要维护好硬件，做好服务，更重要的是要具备经营意识，注重精益管理，考虑坪效与最大化收益。

酒店行业持续发展及新技术在管理和服务中的运用，一方面需要大量的从业人员加入，另一方面对从业人员的素质也提出了更高的要求。

第二节 酒店业人才的现状与需求分析

（一）酒店行业所面临的人才供需困境主要反映在数量与质量上

前文提及全国星级酒店管理系统中星级酒店的数量，实际上，根据对携程数据进行的统计和分析，截至2018年年底，全国各类酒店总数在250 000家左右，国内酒店总床位数在3 000万—3 500万个，从业人员在

400万人左右（由于行业的复杂性，难以形成准确数据）。虽然近年来，酒店行业服务模式、人力资源管理模式正在发生变化，全服务酒店逐渐减少，劳务外包越来越多，单个酒店直接用工人数会有所减少，但从全行业来看，人力资源供需矛盾依旧较大。

截至2017年年底，国内有旅游本科院校608所，招生59 311人；旅游类的高职高专1 086所，招生113 084人；中职学校947所，招生101 514人。可以看出，虽然每年各级各类旅游职业院校人力资源输送能力较大，但真正对口就业的不足50%。与此同时，近年来酒店从业人员的素质有所下降，主要表现在学历层次下降，大专以上学历的比例减少，《2019年度全国星级饭店统计报告》数据显示：2019年度星级酒店大专以上学历员工人数较上一年度有较大程度的下降，其中，五星级酒店下降2.29%，四星级酒店下降13.03%，三星级酒店下降18.23%，二星级酒店下降28.17%，一星级酒店下降19.39%，合计平均下降11.12%。

另外，《中国酒店人力资源调查报告（2017）》数据显示：80%以上的酒店平均每年招聘管理培训生不到3人，其中三分之二的酒店管理培训生的保留率不足50%，而对于管理培训生的岗位胜任能力，超过60%的酒店认为管理培训生胜任率不足50%，认为管理培训生胜任率达到80%的酒店占比仅为30%。90后作为酒店基层岗位的主力军，在酒店任职的状况更加糟糕，高达81.9%的离职员工在25岁以下，其中96.8%的员工离职时在酒店工作时间不足3年。

（二）区域酒店人才现状

改革开放以来，华东地区是我国经济最发达的地区之一，尤其是长三角一体化、长江经济带建设、苏南现代化建设示范区等政策的推进落实，深入实施经济国际化、城市化、区域共同发展和可持续发展战略，统筹推进社会主义经济、政治、文化和社会建设，区域综合实力、居民收入、国际化水平、社会财富大幅度提升，城乡发展、区域发展、社会发展、经济建设与环境保护更趋协调，各项社会事业全面进步，人民生活持续改善。

江苏省作为我国经济最发达的省份之一，2020年在重大疫情的影响下，地区生产总值依旧达到了10.27万亿元，位列全国第二，人均GDP连续多年全国第一。江苏省有着丰富的旅游资源，文化底蕴深厚，环境优美，是山水园林、名胜古迹高度集中的地区。旅游行业快速发展，作为全国旅游业的排头兵，江苏省旅游业已成为省内经济的新增长点和重要产业之一。旅游业的发展，人才是软实力，它决定着旅游业的服务质量和综合水平。为进一步推动区域旅游经济发展，必须实施"人才强旅"发展战略，为旅游行业快速发展提供人才支撑和智力支持。

据《2019年江苏省国民经济和社会发展统计公报》显示，2019年全省旅游业较快增长。全年实现旅游业总收入14 321.6亿元，增长8.1%。据文化和旅游部数据显示，2019年江苏省共有408家星级酒店，全国排名第六位。如果从住宿餐饮全行业分析，2019年全省住宿餐饮业实现零售额3 727.24亿元，同比增长8.7%，其中，餐饮业零售额增长12.5%，住宿业零售额增长6.5%。全省住宿餐饮消费对社会消费品增长贡献率达11.36%，江苏省住宿餐饮业零售额占全国餐饮业零售额的7.98%，在全国居前三位。

江苏省旅游业发展迅速，旅游从业人员呈现逐年增高趋势。"十三五"期间，全省旅游从业人员达到501.5万人，约占全省就业人数的10%，达到旅游业发达国家水平。其中，直接就业人数100万人以上；随着旅游业从业人员不断增加，旅游业成为提供新增就业岗位的重要产业部门。旅行社、旅游酒店、景区景点依然是旅游行业中最为重要的三大部门。尤其是旅游酒店行业，从业人员占旅游业从业人员总数的50%以上。

酒店市场的竞争，关乎资金投入、经营理念、环境设施、菜品风味、营销策略、服务水平和价格定位等多个方面，其中专业人才（含经营管理型人才与技术型人才）在以上多个方面都起到了举足轻重的作用。因此，人力资源不足、人才层次不高、知识体系不完整的现状便在酒店行业中表现得越来越突出。再者，随着人们物质文化和生活水平的提高，行业企业对酒店人才质量提出了更新的要求，不仅要求他们有适应岗位的专业知识、专业技能，还要求他们有流利的英语能力、良好的沟通能力、灵活的应变能力、一定的创新工作能力，以满足酒店更高预期，更好迎合客户需求。

江苏省作为我国教育大省，非常重视人才的培养，在各级各类培训机制不断健全的同时，整合旅游院校、旅游企业、旅游培训机构等资源，加强旅游培训基地建设，实施旅游"百千万"培训工程。从学历教育情况来看，江苏省旅游教育已经覆盖了从职高中专、大专高职、本科到研究生四个层次的教育培养体系。学历教育中多层次培养技术工人、管理人员和旅游教学研究人才的格局基本形成。截至2017年，江苏省开设旅游本科院校40所，招生2 773人；高职院校68所，招生7 310人；中职学校40所，招生4 367人。近几年，招生院校和招生数基本稳定。根据江苏联合职业技术学院旅游专业协作会对行业的跟踪调研，酒店行业对三年制中专生、五年制高职生、高中以上学历（含大专、本科、研究生层次）的需求占比大约为33%、27%、40%，这一数据充分说明酒店行业对业内人才的学历要求正在逐步提高，而且，目前酒店大量一线管理人员的学历仍以大专为主。

五年制高职是江苏省中高职衔接的创举，在高素质高技能人才一体化培养方面锐意改革创新，成效明显。由于学生入学年龄小，在校时间长、跨度大，其人才培养模式有别于中等职业院校和高中后高职学院的人才培养模式。江苏联合职业技术学院是江苏省五年制高职的主体，也是我国五年制高职的典型代表。自2004年起，江苏联合职业技术学院开设旅游管理专业，分为旅行社和酒店管理两个方向，为学院重点建设专业。2016年，江苏联合职业技术学院下属分院开始开设酒店管理专业。目前，共有19所分院（办学点）开设旅游管理专业，其中17所开设酒店管理专业或专门化方向。

（三）新形势下酒店对高职生的需求

1. 就业范围

广义住宿业：除了传统的高星级酒店、餐饮、会所、茶馆等企业，随着新业态的增加，民宿、邮轮、房车、养老等方向的广义的住宿业也成为高职生的就业选择。

全产业链就业：由于分工的专业化，酒店全产业链上各类服务酒店的企业，特别是如今涌现的各类移动端创新应用公司、新媒体服务公司、分销公司、住宿平台等也将成为酒店管理专业毕业生的就业选择。

2. 素质要求

第一，重视切切实实的服务意识、扎实的服务技能及专业的敏感性。

这些是酒店行业基本的岗位要求，也是这么多年以来酒店教育的重要内涵。但光凭以上方面还不足以培养出能切实满足行业需求的员工。

第二，重视跨界的知识与能力。

如前文所述，消费升级带来的消费者体验的升级，要求酒店从业人员具备更强的跨界能力，例如，对信息技术与酒店服务都有一定的认识，懂服务和有良好审美等。资深酒店管理人士、首旅建国酒店管理有限公司董事长张润钢在题为"产业变革时代的酒店人才发展战略"的演讲中讲道：新形势下酒店的竞争力居于核心地位的有两块，一块是以互联网为代表的技术层面的工作，一块是服务，即当今时代最符合消费者需求的服务。随着时间的推移，技术和服务这两块所占的比重将会继续提升，对服务的改善和对技术的应用会继续深化，而其他要素的重要程度仍然会继续降低。对此，开展酒店专业教育时，在全校范围内整合不同专业的教学资源，鼓励学生进行跨专业选修或许是一种应对方法。

第三，重视社会能力与方法能力的培养。

结合前文的调查可知，酒店工作要求经营管理人员具有综合性的、复合型的知识和经验。而在综合能力体系中，处于基础地位的是社会能力与方法能力，这两种能力决定了综合能力"金字塔"的牢固程度。

第四，重视专业知识的深度。

据《中国酒店人力资源调查报告（2017）》数据显示，"高达46.6%的酒店认为酒店管理专业毕业生没有表现出明显的专业优势，甚至有14.6%的酒店认为酒店管理专业毕业生没有表现出专业优势。"这也是长期以来供需矛盾没有得到解决的一个重要原因。对于这个问题，可以鼓励学生在学习过程中根据自己的兴趣与特长来选择某门课程，如侍酒师课程、茶艺师课程等，还可以选择某个专业方向，如酒店营销、酒店餐饮等，进行深入学习，而非点到为止。这样才能使酒店管理专业毕业生更符合行业的需要，使其获得更多的专业认同，提升酒店管理专业毕业生的竞争力。

随着众多新兴住宿业的快速发展，行业对人才的需求在数量上是有所增加的。而在质量上，如前所述，中国酒店业正迎来大变革，行业竞争将从数量竞争向质量竞争转变，对人才的质量提出了新的要求。酒店人不仅要懂传统的酒店运营与管理知识和技能，更要懂市场，能了解新兴客户的需求，能够为客户提供专业的帮助。目前，"岗位技能""服务意识和职业态度"仍然是酒店培训中的主要内容，分别占比76.70%、89%；这在一定程度上反映出学校培养的酒店人才质量与行业实际需求脱节的情况，毕业生本该在学校习得的职业素养和职业技能，仍然需要酒店通过培训的方式来解决。可以看出，酒店行业人力资源的供需矛盾具有复杂性，数量与质量、传统与创新、学历与经验、知识与技能、主动与被动……酒店人才的培养与供给是一个大课题。

酒店企业之间的竞争本质上就是人才的竞争。作为朝阳产业，酒店行业对人才的需求日益增长，带来了大量的就业岗位，这些岗位却很难找到合适的人才，近几年我国大部分酒店都面临人才缺乏等困境。作为劳动力密集型行业，人力资源因素直接制约酒店的发展，目前，人力资源问题已成为制约酒店业发展的瓶颈。2020年，新冠疫情肆虐，酒店行业借助人工智能技术，"无接触"服务盛行，但根据酒店行业的特点，"人的服务"依旧会是今后酒店服务的主要方向。

当前，酒店行业面临的人力资源问题主要表现为"用工荒"和"人才荒"。目前，酒店人才需求和院校人才供给存在着客观矛盾，这种矛盾主要表现在：企业对技能熟练员工的渴求，与职业院校酒店专业学生供给不足及学生技能不熟练之间的供需错位严重。而同时，酒店职业教育面临招生难、学生毕业后不从事酒店业的"潜流失"问题。对于这些问题，教育界和酒店行业已形成共识：要破解这些问题，促进酒店行业和酒店职业教育的良性融合发展，需要校企双方共同努力。从目前的情况来看，各种形式的校企合作育人模式是最适合的应对之策，工学交替是其中重要的合作形式，而且已见成效，但在实践过程中也面临着很多问题。

第三节　酒店管理专业人才培养模式的调查分析

为了更深入地了解职业院校酒店管理专业工学交替人才培养模式的实施现状及存在的问题，课题组采用问卷调查的方式对著名的星级酒店、开设酒店管理专业的职业院校和有企业工作经验的酒店管理专业在校生或毕业生进行了调查，并对结果进行分析。

调研目的：本次调研选取了12家国内知名星级酒店、200名学生（含毕业生）及10所职业院校作为调研对象。通过对调查结果进行数据整理和统计分析，了解星级酒店对人才的需求状况、学生（含毕业生）的工作（企业实践）情况、学生的学习感受及教师的教学体会，全面反应职业院校酒店管理专业工学交替人才培养模式的实施现状及存在的问题，为构建符合市场需求的酒店管理专业人才培养模式提供了实践依据。

问卷设计：依据构建的酒店管理专业工学交替人才培养模式，问题的设计也主要从培养目标、课程体系、教学手段和方法、师资队伍、学生（含毕业生）能力等五个方面进行设计。通过调研，分析不同群体对培养目标、课程体系、教学手段和方法等方面的不同意见，分析目前职业院校酒店管理专业人才培养模式存在的问题。课题组通过电话、线上问答、座谈会等方式对企业进行深度调研，与酒店管理专业学生进行多种形式的访谈，结合课题组成员多年教学及教学管理经验，并与校内外部分专业教师多次讨论，确定了本次问卷的内容。本次问卷共分为三类，分别是问卷调查一、问卷调查二、问卷调查三，调研对象分别是星级酒店、职业院校和毕业学生。通过适当的问题设计鼓励答卷人提出自己的见解，更好地反映职业院校酒店管理专业人才培养过程中的真实情况。问卷主要由以下内容组成：

（1）人才培养目标方面：问卷中有关人才培养目标的选择题，主要是从学生（含毕业生）和样本内职业院校、合作酒店对专业人才培养目标的了解程度来反映目前酒店及专业教育所欠缺的酒店专业人才培养方向。

（2）课程体系方面：问卷对酒店管理专业目前所开设的课程的合理性进行了调查，也分别从酒店、学生（含毕业生）、职业院校角度对课程实践教学效果的好坏进行调查，从而反映学校在课程设置方面存在的具体问题。

（3）师资队伍方面：问卷对教师在本专业的知识储备和实际操作能力及转化能力水平、真正达到"双师型"素质标准的教师的比例等情况进行调查，从师资队伍整体水平的角度入手，用真实的数据反映目前职业院校酒店管理专业教师的真实教学水平。

（4）教学方法和手段方面：主要是了解学生是否满意目前专业课程所采取的教学方法、形式和手段，了解学生更喜欢专业课教师在课上运用什么样的教学方法和手段。

（5）学生（含毕业生）能力方面：问卷调查了企业对学生（含毕业生）的需求状况和能力要求、学生（含毕业生）在工作中的体会，如须提高哪些能力来帮助自身更好地发展等。

调研实施：课题组在2018年1—7月采用抽样调查法，并分别使用当面调查、通信调查、留置调查等途径对企业、学生（含毕业生）和相关学校进行问卷调查。其中，向企业发放问卷48份（主要调查对象是酒店的人资、前厅、客房、餐饮四大部门），向毕业生发放问卷200份，向职业院校发放问卷40份（主要调研对象是酒店管理专业教师、教研室主任、专业带头人、分管教学院长），分别回收有效问卷40份、173份和40份，有效回收率分别为83%、87%和100%。

（一）企业调研结果分析

课题组成员通过电话、座谈会的形式与所选择的12家星级酒店进行联系，得知目前星级酒店的人员结构如下：博士和硕士的比例大约为2.5%，本科毕业生的比例大约为7%，职业院校毕业生的比例最高，约75%，其他均为社会人员，可以看出星级酒店中酒店管理专业高学历人才匮乏，酒店对人才的需求非常强烈。观察近年内企业对职业院校专业人才需求人数，除了几家单体酒店每家仅需要30人以外，其他酒店集团需要更多的人员，而且大部分星级酒店的需要在不断上升。关于毕业生的薪酬待遇，目前酒店管理专业毕业生的薪酬，大部分集中在2 000—3 000元。

问卷第一题为"毕业生在酒店中所处的层次"（图2-1），55%的调查对象选择服务员，27%的调查对象选择领班，15%的调查对象选择主管，1%的调查对象选择经理。从调查和分析来看，虽然星级酒店的经理待遇较好，但作为酒店管理专业的毕业生，在初入酒店行业基层岗位时薪酬不高，这是毕业生不愿留在酒店的原因之一。

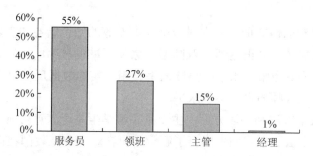

图2-1　目前毕业生在酒店的主要岗位

问卷第二题为"酒店与学校的合作方式"，4家酒店选择了订单式，12家酒店选择了顶岗实习，3家酒店选择了工学交替，没有酒店选择项目驱动。问卷第三题为"贵单位希望通过上一题的合作方式与学校共同培养什么样的人才"（图2-2），20%的调查对象选择专业能力强，62%的调查对象选择有较强的服务意识，责任心强，13%的调查对象选择综合素质高，5%的调查对象选择其他，主要是操作能力和沟通能力强等，可以看出酒店在培养其需要的人才时首先看重的是学生的吃苦耐劳精神，然后才是专业素质。问卷第四题为"职业院校酒店管理专业目前的课程安排及教学内容、技能训练等方面与社会需求是否适应"（图 2-3），24%的调查对象选择很适应，30%的调查对象选择较适应，38%的调查对象选择一般，8%的调查对象选择不太适应，没有调查对象选择完全不适应，可以看出职业院校在课程和教学内容安排、技能训练方面仍然需要改进。问卷第五题为"酒店在与职业院校合作过程中，主要参与的环节"，10%的调查对象选择了人才培养目标，13%的调查对象选择了课程设置，15%的调查对象选择了实践环节授课，50%的调查对象选择了实践环节指导，22%的调查对象选择了学校调研，可以看出虽然校企合作的形式多样，但实际操作过程中大部分只是以一种模式的名义办学，而没有真正地按照人才培养模式的需要实施。问卷第六题为"目前职业院校酒店管理专业毕业生的知识储备"，25%的调查对象选择非常充足，55%的调查对象选择比较充足，17%的调查对象选择一般，3%的调查对象选择不太充足，没有调查对象选择完全不充足，可以看出目前职业院校酒店管理专业毕业生自认知识储备已经相对够用。

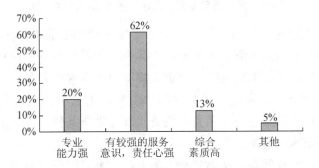

图 2-2　企业希望与学校共同培养的人才要求

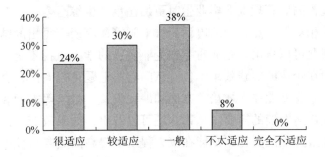

图 2-3　酒店管理专业课程安排及教学内容等的适应性

问卷第七题为"职业院校酒店管理专业在人才培养方面的改革"（图2-4），10%的调查对象选择加强专业知识学习、拓宽知识面，30%的调查对象选择在教学的实习、见习及社会实践环节等方面加强应用能力的培养，35%的调查对象选择加强职业素质的培养，25%的调查对象选择加强沟通、协调能力的培养，可以看出职业院校仍需要加强学生综合素质的培养。

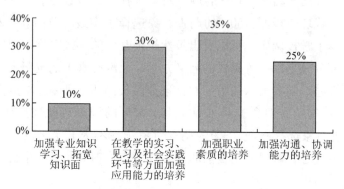

图2-4 酒店管理专业在人才培养方面的改革方向

问卷第八题为"酒店方是否希望并希望从政府方面得到什么支持"，从收集到的问卷信息来看，大部分企业认为，如果在与学校进行校企合作时，政府给予政策方面的支持，会更大程度地提高它们参与校企合作的积极性。大部分企业认为比起经费方面的支持，更希望得到政策方面的支持，比如，可以为企业减免相关的税费，放宽借贷条件，尽量简化办事程序等，并真正执行落实。

总结企业调查问卷，从第二题、第三题、第五题可以看出，酒店企业需要并有一定的意愿与职业院校合作；从第四题、第六题可以看出，企业招聘职业院校酒店管理专业毕业生时更加注重学生综合素质，对专业知识和技能要求相对低一点；但从电话、线上问答、座谈会得出的结果和第四题的选择情况可以看出，企业对参加企业实践的学生重视不足，导致大部分学生认为在企业的实践效果不佳。从问卷第七题可以看出，企业认为职业院校酒店管理专业在人才培养方面和课程设置、教学等方面较落后，不能适应企业快速发展的需要。从第八题可以看出，如果政府方面能够切实给予酒店政策方面的支持，则能在较大程度上提高酒店参与校企合作的积极性。

（二）职业院校调研结果分析

在对职业院校的调查中，主要采用了电话、线上问答、电子邮件、座谈会、调查问卷等形式，从选取的10所职业院校的回答及40份问卷统计结果来看，这些学校酒店管理专业均采取相同形式的工学结合人才培养模式，但从调查结果来看，工学结合的广度和深度不够，师资力量严重缺乏。这些问题都能够通过问卷的统计结果显示出来。

问卷第一题为"职业院校酒店管理专业工学结合人才培养模式的形式"，24份问卷选择订单式，40份问卷选择顶岗实习，14份问卷选择工学交替，8份问卷选择项目驱动，没有问卷选择其他，说明这四种模式是目前职业院校酒店管理专业所采取的主要方式。问卷第二题为"职业院校酒店管理专业采取工学结合的时间"，8份问卷选择了1年，12份问卷选择了2年，20份问卷选择了3年，说明职业院校酒店管理专业工学结合的方式已经普遍推广。

问卷第三题为"学校酒店管理专业人才培养方案的修订时间"，32份问卷选择一个学年，8份问卷选择不定期。问卷第四题为"学校酒店管理专业人才培养方案制订过程中有无企业参与"，100%的学校选择有企业参与；而企业参与程度方面，4份问卷选择全程参与，12份问卷选择参与一部分，24份问卷选择仅仅是调研或召开专家咨询会。这说明职业院校酒店管理专业积极推进工学结合人才培养模式的改革创新，但是企业参与的程度不够。

问卷第五题为"酒店管理专业理论与实践课程课时比"，24份问卷选择了1∶1，8份问卷选择了大于1∶1，8份问卷选择了小于1∶1，说明目前职业院校酒店管理专业课程比例比较合理。问卷第六题为"贵校酒店管理专业课程设置来源"，12份问卷选择了与企业讨论决定，24份问卷选择了教研室讨论决定，4份问卷选择了领导拍板决定，可以看出职业院校酒店管理专业课程设置主要是由学校内部决定的，企业参与相对较少。问卷第七题为"贵校酒店管理专业近三年参与课程改革的数量"，4份问卷选择了1—3门，12份问卷选择了3—6门，16份问卷选择了6—9门，8份问卷选择了9门以上，没有学校选择没有进行课程改革，可以看出课程改革受到高职学校的普遍重视。问卷第八题为"企业人员授课的形式"，8份问卷选择了企业人员来学校上课，12份问卷选择了学生到企业听课，20份问卷选择了从不上课，可以看出目前企业与学校合作并不深入。

问卷第九题为"教学手段与教学方法",40 份问卷全部选择了多种教学方法,可以看出职业院校在课程改革的基础上也进行了教学手段与教学方法的改革。问卷第十题为"专业课考试形式",40 份问卷全部选择了多种考核方式,但有 40 份问卷选择了笔试,12 份问卷选择了口试,32 份问卷选择了操作,12 份问卷选择了成果(作业、论文等),可以看出笔试仍然是职业院校评价学生的主要方式。

从电话、线上问答、电子邮件、座谈会等形式的调查结果来看,职业院校酒店管理专业师资队伍中酒店管理专业科班出身的专业教师占比较少,尤其是具有工作经验的"双师型"教师更是凤毛麟角。问卷第十一题为"贵校酒店管理专业教师一年内企业实习时间",16 份问卷选择了 1—3 个月,12 份问卷选择了 3—6 个月,12 份问卷选择了从来没有,可以看出教师在企业实践时间不长。问卷第十二题为"贵校酒店管理专业教师参加业务培训的情况",8 份问卷选择了 1 位,16 份问卷选择了 2 位,4 份问卷选择了 3 位,8 份问卷选择了 3 位以上,4 份问卷选择了从来没有,可以看出职业院校虽然重视教师的成长,但重视程度不够。

问卷第十三题为"酒店参与人才培养过程的积极性",20 份问卷选择了积极性不高,16 份问卷选择了积极性一般,4 份问卷选择了积极性较高,可以看出企业虽然需要和职业院校合作,但积极性有待进一步提高。问卷第十四题为"如何改进工学结合人才培养模式",大部分学校的建议集中在改变观念、企业参与和加强师资队伍建设等方面。问卷第十五题为"学校方面希望政府给予的支持",从收集的有效的问卷信息来看,大部分学校更希望政府给予经费方面的支持,并监督、落实到位。

总结职业院校调查问卷,从电话、线上问答、电子邮件、座谈会等形式的调查结果可以看出,大部分职业院校酒店管理专业师资队伍实践能力不强,从第十一题、第十二题结果可以看出,学院对教师自身成长重视不足。从第一题结果可以看出,目前职业院校酒店管理专业普遍采用工学结合人才培养模式,但从第二题、第三题结果可以看出,学校对工学结合的培养模式认识不够,企业参与度不高。从第五题、第六题、第七题结果可以看出,职业院校酒店管理专业课程设置比较合理,但理论教学与实践教学相脱节。从第九题、第十题结果可以看出,大部分职业院校酒店管理专业已经进行了课程改革,但是改革的力度不强,目前仍然以知识传授为主。

（三）毕业生调研结果分析

对毕业生的调研结果显示：职业院校酒店管理专业教师教学内容、方式和方法比较落后，学院的实训设备与行业脱节，不能满足学生实践操作的需求。学生对实习结果不太满意，感觉在学校所学知识不能用于实践。

问卷第一题为"你在学校安排的实习中是否有效利用在学校所学的理论知识"（图2-5），8%的学生选择能充分利用，40%的学生选择能较多利用，35%的学生选择利用情况一般，15%的学生选择能用上一点，2%的学生选择完全用不上。问卷第二题为"学校安排的实习对你的影响"（图2-6），20%的学生选择了增强了专业知识和技能，39%的学生选择了工作性质与专业不符，兴趣和收获不大，41%的学生选择了加强了沟通应对技能，没有学生选择对专业的了解程度有所增强。问卷第三题为"实习过程中，你不满意的事情"（图2-7），37%的学生选择企业不够重视，18%的学生选择老员工总是指使工作，4%的学生选择没事可做，不知道干什么好，1%的学生选择没有接触到专业知识，8%的学生选择没有机会自己单独做事，3%的学生选择没做专业相关的岗位工作，19%的学生选择老师不够关心，10%的学生选择没有相关实习指导，没有目标。问卷第四题为"实习条件需要改善的方面"，37%的学生选择提供更多部门实习岗位，41%的学生选择实习轮岗制，22%的学生选择指导教师全程跟踪。综合以上四个问题，学生对实习的满意度不高，企业对学生的重视不够，学校对实习学生的关心不足，导致学生对其所学的酒店管理专业没有信心。

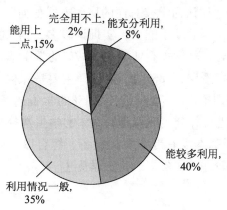

图2-5　所学知识在实习中的使用情况

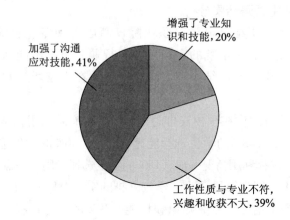

图 2-6 实习对学生的影响

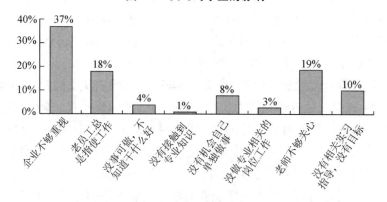

图 2-7 实习期间不满意的方面

问卷第五题为"你认为学校对你的培养方式如何"（图 2-8），11%的学生选择注重培养学生的动手能力，实训课较多，14%的学生选择教学过程与生产一线相结合，经常去企业实践，17%的学生选择有实践操作能力强的教师或企业专家授课，58%的学生选择主要是课程理论授课。问卷第六题为"学校的实训条件"（图 2-9），21%的学生选择实训室功能齐全，43%的学生选择能进行部分实践课程，29%的学生选择只有很少的实训设备，7%的学生选择基本没有专业实训设备。综合以上两个问题，目前职业院校实训条件比较差，仍然以理论教学为主。

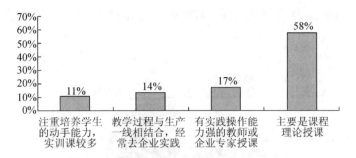

图 2-8　学生对学校培养方式的看法

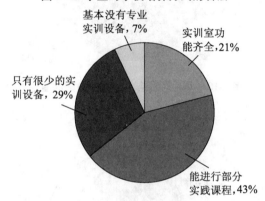

图 2-9　学校的实训条件

问卷第七题为"对酒店管理专业教师的看法"（图 2-10），24%的学生选择教学水平很高，37%的学生选择教学水平较高，27%的学生选择教学水平一般，12%的学生选择教学水平不太高，没有学生选择没水平。问卷第八题为"教师教学过程中能将行业发展现状与专业相结合"，18%的学生选择结合得非常好，37%的学生选择结合得较好，39%的学生选择结合得一般，63%的学生选择结合得不太好，4%的学生选择没结合。问卷第九题为"教师教学过程中注重的因素"（图 2-11），67%的学生选择知识传授，22%的学生选择能力培养，11%的学生选择素质教育。问卷第十题为"教师教学情况"（图 2-12），39%的学生选择照本宣科，缺乏实际经验，47%的学生选择理论较多，与实际脱节，14%的学生选择理论联系实际，教学效果好。问卷第十一题为"有实际经验的教师比例"（图 2-13），26%的学生选择 10%以下，49%的学生选择 10%—30%，18%的学生选择 30%—50%，7%的学生选择 50%以上。综合以上五个问题，学生经过企业工作，认为学校酒店管理专业教师动手操作能力较差，缺乏企业工作经验。

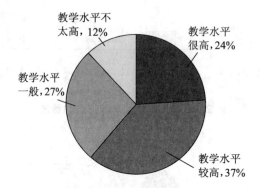

图 2-10　学生对酒店管理专业教师的看法

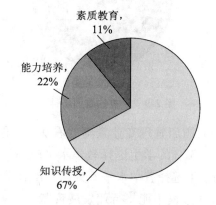

图 2-11　教师教学过程中注重的因素

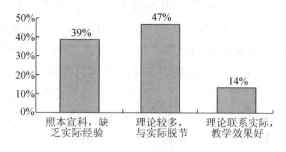

图 2-12　教师教学情况

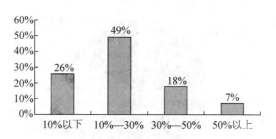

图 2-13　有实际经验教师所占比例

问卷第十二题为"你最喜欢、受益最大的教学形式"（图 2-14），7% 的学生选择课堂讲授，43% 的学生选择边讲边做，42% 的学生选择实际操作，8% 的学生选择做大作业，可以看出学生更倾向于边讲边做、实际操作这种动手操作方式。问卷第十三题为"你所学的专业知识能否支持你的职业理想"（图 2-15），17% 的学生选择完全能支持，21% 的学生选择能较好地支持，37% 的学生选择支持情况一般，20% 的学生选择不太能支持，5% 的学生选择完全不能支持。问卷第十四题为"学生在校期间的课程设置与市场的实际需求是否匹配"（图 2-16），6% 的学生选择完全匹配，38% 的学生选择能较好地匹配，32% 的学生选择匹配情况一般，15% 的学生选择不太能匹配，9% 的学生选择完全不匹配。综合以上 3 个问题，说明目前职业院校酒店管理专业的课程教学还有值得商榷的地方。

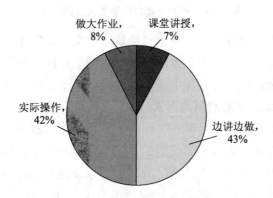

图 2-14　学生最喜欢、受益最大的教学形式

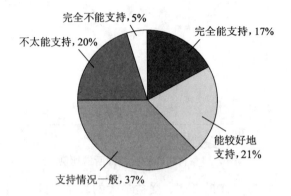

图 2-15 所学专业是否能支撑职业理想

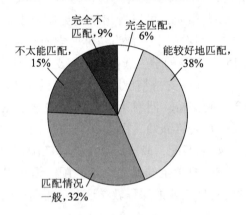

图 2-16 课程设置与市场需求匹配情况

从以上调查数据分析可以看出,虽然工学交替是职业教育人才培养的应有之义,但现实中,由于各方面原因,目前职业院校酒店管理专业工学交替人才培养模式在实施过程中还存在着诸多不足,亟待解决。

1. 学生和家长层面的制约因素

在国内,工学交替培养模式实际上从一开始推行就步履维艰,工作的难度主要在家长和学生对工学交替的"排斥"。对于家长和学生而言,他们心中的"学习"就是在校上课,每天按部就班地完成各科学业,每天按时上学放学、每周双休、定期寒暑假,而不是在外"打工"。学生能接受毕业前的短暂实习,不习惯中途离校顶岗;接受连续在校上课,不习惯企业锻炼实践。不少家长和学生将企业实践视作廉价打工,替人赚钱,误认为学校实施工学交替就是为了减少开支、盘剥学生,觉得这是对学生不负责任的表现；认为学生参加工学交替的学习项目就是不务正业，浪费精力。在这一点上，酒店管理专业尤为明显，许多学校酒店管理专业的教师都曾面对家长和学生的质疑，这种情况给工学交替的组织和管理带来不少困难。

2. 企业层面的制约因素

与职业院校其他专业相比，酒店管理专业的校企合作往往给外界一种印象——酒店行业产教融合非常紧密，工学交替非常普遍，但如果深入探究，会发现情况并非如此。中国大部分酒店企业还没有形成主动与职业院校"合作"的意识，或者说酒店企业与职业院校没有真正开展以共同培养学生为目的的合作。目前，中国酒店业人才紧缺现象非常明显，酒店与学校合作的根本出发点是及时补充酒店的人员缺口，而不是把学生培养成酒店业需要的人才。笔者曾走访一家国际品牌五星级酒店，该酒店在2018年初给人力资源部的工作目标是——一年要招收70名实习生，酒店与职业院校的合作目的一目了然。

酒店作为经营性企业，其最终目的是实现利益最大化。就目前的社会客观现实来讲，酒店不具备条件，也不可能主动承担起为社会培养技能型人才的责任，很多酒店甚至会认为培养出来的人才将来可能会为自己的竞争对手服务。当今的许多酒店投入成本很高，经营压力很大，业主方会更多地考虑最大盈利，能够用战略性眼光专注于人才培养的酒店很少。由于我国绝大部分旅游院校存在的问题是比较注重理论教学，而相对轻视对学生进行实际操作能力的锻炼，并且大部分学校的人才培养目标不明确、课程内容设置重复、使用教材跟不上行业发展、教学内容又脱离实际，特别是教师实践经验不丰富，不了解前沿信息，不具备国际化视野，服务和管理技能不高，学生管理不够规范，校企合作形式死板、单一等，学生在校期间获得的技能训练较少，或不规范、不全面，所以学生在以实习生的身份进入酒店后，不能马上上岗，还需要经过一段时间的培训才能符合目标岗位的基本要求。要想达到熟练工的程度，则需要更长的一段时间，而在学生成为熟练工后，他们又面临毕业，由于各个方面的原因，大部分学生很难再回到原来酒店工作。要想酒店管理专业的实习生或毕业生一毕业就能达到酒店业需要的人才标准，就需要酒店业增加对合作学校学生培养的多方面投入，包括人力和资金的投入，这势必增加酒店的经营成本，因此大部分酒店认为参与职业院校的人才培养，无形中会增加企业的负担。另外,由于酒店行业的门槛较低,人才市场上一些学历不高但有工作经验的人员进入酒店后能更好、更快地进入角色,独立上岗。目前,大部分酒店企业还不能真正从战略的角度出发,把与职业院校的合作看成是人才储备最主要、最有效的途径和酒店人力资源管理的重要组成部分。

3. 学校层面的制约因素

一是对工学交替重视不够。不可否认,很多职业院校对校企合作人才培养模式的重视不够,意识淡薄。没有把工学交替上升到一种学校办学模式的高度来认识,合作的意识不强,合作的诚意不足,合作的力度不够。具体实施工学交替时,往往积极性不高,认为"多一事不如少一事";或者简单地认为工学交替就是"以工代学",认为把学生推到企业实习就是"校企合作",到了企业实践就是企业的事情,所以就出现了很多"放羊式"的顶岗实习。

二是课程实施固守知识本位的传统。职业院校酒店管理专业在其工学交替人才培养模式的实施过程中,虽然会有意识地在实践教学过程中和酒店有一定程度上的合作,但在实际的实践教学过程中仍然以知识传授为主。在人才培养过程中,课程的授课内容以学科知识的逻辑性和结构性为主,并以此为教育教学的主要内容。知识本位着重于知识的教授与学习,如何将知识转化为能力则不在教育的范围内。虽然与传统培养模式相比,职业院校酒店管理专业工学交替人才培养模式在培养目标的描述上看似已经注重并强调要培养适应社会的应用型人才,但是在实际校企合作培养人才的操作过程中仍然没能很好地摆脱知识本位的教育教学方式。学校在课程的设置上虽然已经扩大学生参加企业实践的比例,但在实际的教学过程中还是以知识体系为主,把理论知识教授作为主线,而实践教学的地位则较弱。

三是人才培养目标不够明确。职业院校酒店管理专业应该坚持自己的特色,以培养综合素质强、知识结构合理、视野开阔、职业技能娴熟、能胜任酒店管理和服务一线工作的专门人才为目标。人才定位应该是面向市场的,而目前职业院校酒店管理专业教育虽然不能用闭门造车来形容——因为大部分职业院校都在不同程度地与酒店进行合作或交流——但合作和交流的层次太浅,只是流于表面,并没有深入地了解酒店需求。职业院校不了解市场需求直接导致其对人才培养目标的定位不准确,培养出的人才与市场和酒店的要求脱节。职业教育主要是为区域经济服务的,所以酒店管理专业的目标不应仅仅单纯地定位在实用型、技能型服务人才的培养上，而是应该充分考虑区域酒店业的发展情况。酒店管理专业人才显然不是研究型的，也不是纯粹技能型的，酒店管理专业教育要与本科教育、技能培训区分开来。正是由于我国职业院校酒店管理专业工学交替人才培养模式还不成熟，模仿本科教育，才致使其人才培养目标不明确，在人才定位、课程设置、教学方式、师资建设、教材使用等方面存在诸多问题，最终使职业院校培养的人才与市场需求错位，不能很好地促进行业发展。

四是真正具有"双师"能力的专兼职师资队伍不健全。根据教育部的要求，职业院校具备"双师"素质的教师比例达到50%者为合格，达到70%者为优秀。虽然目前大部分高职学校的"双师型"教师比例能达到70%，甚至更大，但他们只是具有讲师职称，并且有高级工及以上职业资格证书。据了解，这些教师大部分只是取得了职业资格证书，却并没有在酒店一线实际工作的经验。我国酒店管理专业起步相对较晚，酒店管理专业教师中，年龄大一些的，大部分是相关专业转型过来的，有些年轻教师虽然是学旅游管理或酒店管理出身，但是他们毕业后直接进入职业院校任教，除在读本科或研究生期间有过酒店实习经验以外，再也没有相关的工作经历了。国际上，瑞士酒店专业学校的教师绝大部分是本专业出身的，而且进入学校前至少有3年的酒店工作经验。虽然国内有些学校为了培养"双师型"教师，要求教师具有企业工作经历，但由于学校教师紧缺，加上资金比较紧张，以及部分教师在这方面的意识不强等原因，这种规定也就无法落实了。教师是教学改革的主体，实用型、技术型、技能型人才的培养需要真正具有"双师"能力的教师，"双师型"教师的培养绝非一朝一夕就能完成，这些问题的出现与我国的教育体制、用人机制有着密切的关系。

同时，"双师型"兼职教师也是职业院校酒店管理专业教师队伍的一部分，兼职教师主要是指能够独立承担某一门专业课教学或实践教学任务、有较强实践能力或较高教学水平的校外专家。聘请兼职教师是改善师资结构、加强实践教学环节的有效途径。在现实情况下，聘请到合适的兼职教师并不是一件容易的事情，因为符合兼职教师条件的企业专家大多是酒店骨干，担任比较重要的管理职务，酒店行业行政人员每天上午举行晨会，各部门随后会举行班前会，企业专家到校授课一般会占去半天时间，双方在时间上有冲突。所以，真正聘请到合适的兼职教师并非易事。

五是理论教学与实践教学脱节。在职业院校，往往有这样的现象，一方面，教师具有现代酒店管理的前沿性理论知识，在课堂上也能讲得真实、生动，但在培养学生的实践能力时，就显得捉襟见肘；另一方面，学生在校期间的实践课程，一般是在校内的专业实训室进行，但就酒店管理专业而言，大部分校内实训室设备比较简陋或陈旧，也没有真实的服务环境，合格标准往往是考取职业资格证书或能完成简单的铺床服务和摆台服务。且不说硬件如何，单单讲工作内容，在酒店的实际工作中，铺床和摆台只是微乎其微的一部分工作。现代酒店业服务手段、技能、硬件、管理模式都在不断提升，如果校内实训滞后，不能紧跟行业发展，校内实践教学与就业岗位的脱节就不可避免。

六是学生在合作酒店实习效果不理想。当前，职业院校酒店管理专业工学交替人才培养模式的实施办法主要是让学生在毕业前去酒店实习，即使这样，在实习期间，由于学生分散，学校对实习学生的管理并不紧密。酒店往往根据自身需要安排实习岗位，不能达到"定岗位、定地点、定时间、定师傅"等要求，学生并不能通过实习真正掌握岗位关键工作能力，更多只是进行单一工作，这些情况导致许多职业院校酒店管理专业学生在酒店的实习效果不理想。

许多学生在实习期间只是忙于实际工作岗位的"工作"，并没有从理论层面对工作中遇到的问题进行思考，也缺乏专业老师的理论和实践指导，而对于学校要求学生在实习期间完成的实习日志，也只是疲于应付，没有很好地进行建构式学习。这种问题存在的原因主要是校企双方在签署协议时，没有明确双方的权利和义务，或虽然明确，但双方执行力度不够。学生在合作酒店实习期间，有些学校会定期或不定期地委派教师到酒店的工作岗位上检查学生的实习工作及学习的进展情况，但是检查时间短且力度不够，只是随便看一下，并不深入。有些学校的教师在学生实习期间，只是去一次或根本就不去酒店看学生，如此，既不能让学生感受到学校的温暖，更不能完成实习工作检查。而且学校在学生实习结束后并不对学生的实习日志进行检查和考评，没有对学生从理论层面进行引导，校企双方虽然有形式上的合作，但没能让学生将理论知识与实践经验进行有效的结合。此外，酒店管理专业的学生在酒店的实习岗位较为单一，很少有酒店会为实习生提供轮岗的机会。酒店方认为，单岗制可以在较短的时间内让学生上岗，同时也能节约酒店对学生实习投入的成本。然而，对于酒店管理专业的学生来说，单岗制不能让其对酒店有全方位的了解。学生在实习期间不能从整体上把握酒店的运作模式、管理机制及酒店各部门之间的沟通与合作方式，学生在实习期间很难对酒店有全方位的认识，也无法确定自己到底适合酒店的哪些岗位，导致专业教学实习的预期目标无法实现。

七是工学交替的政策支持不足。从欧美发达国家的发展历程来看，职业教育在一定程度上影响着国家经济的发展，所以在发达国家，职业教育又被称为全民教育或终身教育，政府在政策和资金上给予了保障。近年来，我国政府对职业教育的重视日益明显，各项利好政策不断出台，有力促进了职业教育的发展，各种专项资金注入基层学校，办学条件日益好转。然而，长期以来外界对酒店管理专业有一种误解，总认为它不需要什么专业设备，只需要基本的餐桌和床，用来进行摆台和铺床训练，其他的专业设备可以到酒店实习时由企业提供；而企业需要的是"拿来即用"的专业人才，矛盾的结果，就是职业院校学生到了酒店实习，大多从事简单的服务工作，很难实践在学校学习的各种管理技能。对于酒店来说，如果安排专业人员指导学生提升技能、传授学生服务技巧，就意味着人员和资金的投入，酒店的效益肯定会受到影响。

职业教育需要政府长期投入经费和提供支持，但在现实中，政府对于职业教育，特别是酒店职业教育在长期的经费投入和政策倾斜方面做得不够，致使许多职业院校缺乏酒店管理专业人才培养所需的基本设备设施和外部环境，不仅不利于人才培养，也使职业院校很难有效地与外界沟通，向社会提供服务，职业院校酒店管理专业为区域经济发展服务的功能和作用的发挥受到明显制约。

八是投资主体单一、融资渠道不畅。影响、制约职业院校酒店管理专业工学交替人才培养模式发展的又一重要因素是投资主体单一、融资渠道不畅。从目前我国职业院校酒店管理专业工学交替人才培养模式的推行和发展来看，工学交替人才培养模式需要的资金，大部分是上级专项拨款或学校筹集的资金。另外，酒店参与工学交替的积极性，源于其需要职业院校酒店管理专业的学生做酒店人力资源的补充，酒店方面并没有从战略的高度着眼，所以对与学校合作的工学结合模式没有投资，或只有很少的投资，这种主要靠一方出资的模式严重制约着工学结合教育的发展。目前，工学交替人才培养模式融资渠道不畅，机制相对不健全，在合作态度方面，学校一方比较热，而社会其他组织相对比较冷，政府也仅仅是从战略的角度呼吁发展和推行工学交替教育模式，以致酒店管理专业工学交替的发展出现了学校"一头热"的现象。

第三章

全程工学交替人才培养模式理论构建与实践要素

第一节 全程工学交替人才培养模式的本源探究

陶行知先生曾说,教、学、做是一件事,不是三件事。我们要在做上教,在做上学。在做上教的是先生;在做上学的是学生。从先生对学生的关系说,做便是教;从学生对先生的关系说,做便是学。先生拿做来教,乃是真教;学生拿做来学,方是实学。不在做上用功夫,教固不成为教,学也不成为学。陶行知先生的观点是针对民国时的师范教育提出的,强调了做之于教育的重要性,对于今天的职业教育,依旧是醍醐灌顶,也印证了全程工学交替是职业教育的本质特征。

(一)回归本真,按职教发展规律办学

职业教育起源于生产劳动,与社会经济产业有着密切的关系。职业教育办学不能偏离这一轨道。就本质而言,全程工学交替研究是对职业教育回归原点的思考。习近平总书记在 2014 年 6 月全国职业教育工作会议上指出,要牢牢把握服务发展、促进就业的办学方向,深化体制机制改革,创新各层次各类型职业教育模式,坚持产教融合、校企合作,坚持工学结合、知行合一,引导社会各界特别是行业企业积极支持职业教育,努力建设中国特色职业教育体系。习近平总书记的重要指示,为职业教育的科学定位和改革发展明确了方向。

首先是要回归本真、明确定位,树立正确的办学方向。社会分工存在多样性,每一种职业都不可或缺,这是基本的社会规律;每一种劳动应当

受到尊重,这是社会和谐的基础。然而,受"精英教育观念"等的影响,"唯分数论"仍在大行其道,教育的不同类型也异化为"不同等级","学历本位"依然影响着职业教育的改革发展,这种思潮不仅阻碍了包括职业教育在内的整个教育系统的发展,也影响着社会的发展。树立正确的人才观,才能形成正确的教育价值观,才能促进教育协调发展、优质发展。"服务经济、促进就业"是职业教育的应有之义。全程工学交替的探索实践呼应了这一价值取向。

其次是遵循规律、深化改革,探索科学的发展路径。职业教育一头是教育,一头是产业,具有鲜明的跨界性。多元合作是现代职业教育改革发展的核心命题。如黄炎培先生所强调的:"只从职业学校做工夫,不能发达职业教育;只从教育界做工夫,不能发达职业教育;只从农、工、商职业界做工夫,不能发达职业教育。"全程工学交替人才培养模式改革即进一步强调按社会规律办学,深化改革、开放发展,坚持"产教融合、校企合作"的办学路径,积极探索"合作育人、合作办学、合作就业、合作发展"的大教育体系,促进"政、行、企、校"多方和谐互动,培养社会需要的高素质劳动者和技能人才,共同致力于社会的经济繁荣与全面进步。

(二)回归工作岗位,按技能习得规律教学

全程工学交替人才培养模式,并非凭空创造,而是对照历史,立足现实,探求职业教育的办学规律,寻求人才培养模式的变革与创新。因此,发展全程工学交替人才培养模式要对照历史,从职业教育发展历程中正确认识现代职业教育的特点。回溯历史,工业革命爆发后,机器大生产逐渐取代手工劳动,生产方式发生转变,社会急需大批的技术工人,现代职业教育应运而生。"作坊式"的旧学徒制已不能满足现代社会的需要,因而日渐衰落,逐渐被以学校为教育主体的现代职业教育取代。因此,现代职业教育的出现和发展是工业经济发展的产物,它取代传统学徒制是必然的。它一方面回应了工业社会对大批量技术人才培养的需要,另一方面则回应了受教育者全面发展的诉求。随着科技的发展、产业结构的调整,社会分工日趋细化,岗位变迁不断加速,职业能力的内涵与外延日益丰富,职业教育不再聚焦具体岗位的学徒教育,它强化了基本素质和通用技能的培养,更能满足人的可持续发展需要和职业流动需要,因此,学校职业教育具有明显的"全面、系统、高效"的"现代化"人才培养优势。职业

教育改革更重要的是，立足现实，从现代职业教育的缺失中寻求人才培养模式改革之路。现代职业教育的出现是社会发展的必然。

然而，当职业教育从最初的"学徒制"演变为以学校为教育主体的现代职业教育后，其生存土壤由"行业企业"变成了"学堂"，执教者由"工匠"变成了"教师"，教育世界逐渐与工作世界相疏离，学习情境、学习内容、学习方式、评价方式等一系列学习要素也随之偏离了职业教育的本源。学校教育不可避免地与社会生产脱节，譬如"专业与产业、职业岗位""课程内容与职业标准""教学过程与生产过程""课本知识与生产技术""课堂教学与职业实践"等匹配度不高，这些偏差直接影响着职业教育的人才培养质量，并最终导致了教育人才培养与社会用人需求脱节。要改变这种局面，创新人才培养模式是根本出路。

因此，探索全程工学交替人才培养模式就是对照历史、把握现实，充分认识现代职业教育的内涵特质，着眼于教育与生产系统间的关系进行全面思考，探寻教育世界与工作世界对接方式的有效途径。

（三）回归生活世界，按学生成长规律办学

全程工学交替人才培养模式是一种符合生命自然规律的教育形态，"在工作中学习"既是一种学习模式，也是一种生活形态，它诠释了教育的本真。陶行知先生所主张的"生活即教育，社会即学校"同样表达了这样的教育理念。

首先是回归活力课堂。全程工学交替人才培养模式是在生活化的课堂中真实演绎实践导向的情境学习模式，充分体现了以人为本的教育主张。探寻、唤醒并激活课堂的生命价值，是教育的应有之义。学生是课堂的主体，活力课堂的主旨在于激发学生的学习兴趣和学习潜能，促进学生乐学、好学。全程工学交替人才培养模式将学习归因、学习意识和活动、情感与认识活动、社会规范要求等和学生的天性统一起来，创设出自由开放的良好课堂环境，引导学生在实践中通过观察、模仿来领悟知识。全程工学交替人才培养模式重视学生学习的体验与感悟，让学生自己"生产"知识，充分发挥了他们的主观能动性，释放出学生的求知天性，引导学生进入"乐学""好学"的学习生态。通过教师、学生、知识情境的多元互动，建立开放的学习生态环境，真正将课堂"还给学生"。

其次是回归生活教育。陶行知先生指出："生活教育是生活所原有，生活所自营，生活所必需的教育。教育的根本意义是生活之变化。生活无

时不变,即生活无时不含有教育的意义。"全程工学交替人才培养模式正是创造了这样一种人的整体生命投入的教育生态,构建了生活教育的生态模式,因此它是一种朴素、无形的教育。职业院校应积极探寻生活与教育、工作与教育的关系,把对职业的信仰、理念、原则、规范等融入课程,融入师生的言谈及日常的教育教学活动。学生在生活生产中真正成为主人,在工作劳动中感悟真善美,这将是积极的德育方式及有效的教育方式。全程工学交替人才培养模式既是一种方式,更是一种理念,它促进了教师、知识、学生在生态环境中的共振、共生和整体提升。

第二节　全程工学交替人才培养模式的实践要素

(一) 全程工学交替的价值追求

全程工学交替人才培养模式是将现代职业教育与传统技能传授有机结合的职业教育人才培养模式。《中华人民共和国职业教育法》规定:"实施职业教育必须贯彻国家教育方针,对受教育者进行思想政治教育和职业道德教育,传授职业知识,培养职业技能,进行职业指导,全面提高受教育者的素质。"因此,全程工学交替人才培养模式应具有以下价值追求。

第一,重视思政课程和课程思政。党的十九大报告进一步提出了"落实立德树人根本任务"的要求。习近平总书记在北京大学师生座谈会上的讲话中强调,要把立德树人的成效作为检验学校一切工作的根本标准;在全国教育大会上指出,培养什么人,是教育的首要问题;在思想政治理论课教师座谈会上进一步提出,"用新时代中国特色社会主义思想铸魂育人"。我国要实现"中国制造"走向"优质制造"和"精品制造",提高职业教育质量是关键,而保持正确的育人方向则是确保职业教育质量的关键。因此,职业教育应高度重视培育和践行社会主义核心价值观,培育学生的理想信念、职业道德和职业精神。一是要引导学生树立正确的世界观、人生观和价值观。以社会主义核心价值观为统领,将"爱国主义教育""理想信念教育""道德品行教育""法治知识教育""职业生涯教育""心理健康教育"等渗透于教育教学的各个方面。二是要重视培养学生的职业精神和职业道德,包括崇高的职业理想、严谨的职业态度、自觉的职业责任、精湛的职业技能及优良的职业作风。在传统学徒制教育中,职业道德的传承在"工匠精神"中得到体现。"工匠精神"是人们对事业的敬畏、忠诚及不懈的追求——"不仅仅是把工作当作赚钱的工具,而是树立一种对工作执着、对所做的事情和生产的产品精益求精、精雕细琢的精神。"没有一流的产业工人,就没有一流的产业,因此,首先应重视培养学生从事某种职业所应具备的"精神"和"自觉"。

第二,重视技术技能培养。习近平总书记指出:"要树立正确人才观,培育和践行社会主义核心价值观,着力提高人才培养质量,弘扬劳动光荣、技能宝贵、创造伟大的时代风尚,营造人人皆可成才,人人尽展其才的良好环境,努力培养数以亿计的高素质劳动者和技术技能人才。"职业教育的应有之义是培育技能、服务就业、改善民生。人才培养的落脚点是"高素质劳动者和技术技能人才",唯有紧扣这一命题,才能满足人民群众的岗位教育需求和就业需要,才能满足国家培养高素质产业大军的迫切需要,才有可能实现将我国庞大的人口数量转化为丰富的人力资源,实现"使无业者有业,有业者乐业",助推民生改善,促进社会公平。

第三,重视综合素养培育。一是重视综合职业能力的培养。随着经济社会发展,企业向技术密集型转变,劳动分工逐渐从单一性向复合性转变,这就要求劳动者具备通用技术能力、跨岗位能力及一定的就业创业适应能力。因此,实施全程工学交替人才培养模式应切合现代产业发展需求,重视培养学生的综合职业能力,满足人们应对职业变迁与岗位流动的能力需求。二是重视综合素质的培养。在终身教育视野下,要适应文化多元发展需要,以人为本,关注人的自我实现需求,重视人的全面发展和可持续发展需要。这是职业教育从"终结教育"走向"终身教育"的鲜明特征。培养的学生不仅是懂技术、会操作的职业人,更是具有健全人格和强烈社会责任感的社会人。一方面应培养"有本事、靠得住"的技术技能人才。所谓"靠得住",就是具有伟大理想、高尚人格、健全心理和职业操守。另一方面要正确处理好当前发展和可持续发展的关系。"职业资格证书""毕业生就业率"是反映职业学校当前教育状况的显性指标,但倘若过度关注这些显性指标,而忽略了学生可持续发展所必需的"人文素养教育",那就成了另一种形式的"应试教育",背离了"以人为本"的教育原则。职业教育不仅要把学生训练成职场中的能工巧匠,还要注重其精神和人文素质的培养,这才是真正对学生负责、对社会负责、对未来负责的表现。

第四,重视终身教育体系构建,促进教育公平及社会和谐。进入21

世纪，科学发展、可持续发展、和谐发展成为时代主题。联合国教科文组织把现代职业教育的特点概括为：全民的职业教育、面向工作领域的职业教育、面向合格公民的职业教育和面向可持续发展的职业教育。面向个人、关注个人发展、促进人与社会的和谐发展，将成为引领职业教育改革发展的重要思想。如今，职业教育已成为一些国家构建终身教育体系的重要举措。如果说普通教育是某种意义的"精英教育"，那么职业教育就是"平民教育"。职业教育为使每个学生接受适合自身特点的最佳教育提供了可能。一是相信人人皆可成才，通过职业教育，实现"行行出状元"；二是帮助"人人成人"，培养具有健全人格、良好品质的"社会人"，使学生具有自尊、自信、自立、自强和自觉融入社会的意识；三是实现"人人成才"，尊重学生个性差异，为学生多次性选择、多样化选择、多路径成才搭建"立交桥"，努力让每个人都有人生出彩的机会，实现如黄炎培先生提倡的："学校无不用之成材，社会无不学之执业，国无不教之民，民无不乐之生。"全程工学交替人才培养模式通过致力于"人人成人、人人成才"，以提升国民的整体素质、促进社会生产力的发展，即是在促进"人的发展"的同时"促进人与社会的和谐发展"。

综上所述，全程工学交替人才培养模式一是尊重现代学校与企业各自独立主体价值所在，致力于通过校企深度合作实现产教融合的互惠互利与协同发展；二是整合现代教育资源，构建"全人发展"理念下的融合"技能训练""工作实践"的教育体系；三是满足受教育者的"自我实现"需求和现代社会终身教育发展需求，致力于提高劳动者素质，满足人的终身教育需求，并彰显职业教育服务就业、服务社会的教育价值。

（二）全程工学交替的实施基础

全程工学交替人才培养模式的实施是一项系统工程，需要政府、行业、企业和学校多元协同。政府是统筹协调的枢纽，行业指导是支撑，学校和企业的深度合作是关键。依据中外职业教育改革的成功经验，结合我国已有改革成果，我们认为全程工学交替人才培养模式改革应具备以下实施基础。

1. 三方协议

为了明确学校、企业和学生三方各自的职责、权利和义务，三方应签订合同或协议予以保障。学校与企业之间应签订合作培养框架协议，一是界定身份，招工即招生，明确学生的准员工身份；二是明确权责，校企联合培养人才，各司其职，各专所长，分工合作，从而共同完成对学生（员工）的培养。另外，学生家长代表学生与学校、企业签订三方协议，接受学校和企业联合实施的工学交替教育。

2. 双主体合作育人

合作育人是全程工学交替的鲜明特征。校企双主体合作育人，表明企业将从单纯的"用人"单位转变为"参与育人"的一方。学校以培养优秀的毕业生、促进学校发展为利益诉求；企业以参与员工培训、提高企业效益为利益诉求，双方以人才培养这一共同利益点为基点，突破校企合作瓶颈，实现学校和企业的资源整合、优势互补和人才共育。

3. 校企互动

全程工学交替的实施需要学生和企业员工互动、学校教师和企业导师互动、学校学习和企业实践互动。一是使学生具有"准员工"的双重身份；二是在师资安排时采取双导师制；三是将学习场所分别安排在学校和企业。在三方协议下，学生将按照学校和企业共同制订的培养计划，分别在学校和企业参加相应的学习和实习活动。在校企互动中，师资安排和教学场所的安排是关键，它是实现"工"与"学"交替的重要依托。

4. 创新变革

首先是教育理念的变革。理念是先导，全程工学交替人才培养模式应体现以人为本的教育理念，满足受教育者的"自我实现"需求，致力于培养社会需要的高素质劳动者和高技术技能人才，并服务于人的全面可持续发展。一是重视道德教育与通识教育，培养有职业道德、职业理想和基本人文素养的人，使培养的学生不仅是懂技术、会操作的"职业人"，更是具有健全人格和强烈社会责任感的"社会人"。二是重视职业技能培养，培养有专业基本素质和技术能力的人。职业技能培养是职业教育的核心命题，应加强技能训练和培训的标准化建设，满足社会对技术人才的需求。三是重视可持续发展，培养有文化素养、关键技能的人。英国工业联盟、教育与就业部及资格与课程署共同认可了六种关键技能：交流、数字运用、信息技术、与人合作、自我学习和解决问题的能力。关键技能是人们职业生涯中除岗位专业能力之外的基本能力，它适用于各种职业，使从业者能适应岗位的不断变换，是伴随人终身发展的基本能力。

其次是管理模式的变革。管理模式是平台，全程工学交替人才培养模式通过变革教学管理模式，重新建立教育世界与工作世界的血肉联系。全程工学交替人才培养模式强调与工作世界的联系，一方面意味着专业教育全过程的工作化，即将专业教育的信仰、原则、意蕴从说教和计划层面落实到日常教育生活的方方面面，融入课程与教学中，并且融入教育生活细节，实现对学校教育生活的全面浸润；另一方面意味着教育空间的延伸，通过教学管理主体的多元化，将教育教学从校内延伸到校外，促进"工"与"学"有效衔接，促进学生对专业技能的全面理解和拓展应用。管理模式的变革具体体现在教学组织、课程管理、师资管理和学生实践管理等方面。

再次是课程体系的变革。课程体系是支撑专业的根本。课程体系的重构是专业教学改革的突破口，也是难点和重点。目前职业院校的课程体系还存在着非常明显的学科体系的痕迹。全程工学交替人才培养模式应重新构建遵循技能型人才成长规律的课程体系。学校和企业应通过充分的市场调研确定人才培养规格和专业培养目标，根据产业发展和岗位需求动态调整专业设置，在行业的指导下共同制订专业培养方案，确立课程体系，将职业标准和技能型人才的成长需求融入课程标准、课程内容的设计和实施中，促进形成融合通识教育、专业知识、职业技能和职业素养的培养体系，构建综合性的、递进式的专业教学体系。

最后是教学考评模式的变革。教学考评模式是手段，是实施和评估全程工学交替人才培养模式的方法。突破以往理论与实践相脱节的现象，通过教学（工作）任务的设计开发，构建融合"做、学、教"的教学情境，并强调对学生职业素养的培养与过程性考评。"做中学""学中做"是职业教育教学模式的核心理念。在教学中，实现在做中学，在学中做。在整个教学环节中，理论和实践有机融合，直观和抽象交错出现，充分调动学生的学习兴趣，强调突出学生动手能力和专业技能的培养。而教学评价是教学组成的重要内容，是对教学过程及结果进行价值判断并为教学决策服务的活动，是对教学活动现实的或潜在的价值做出判断的过程。教学评价应包含两个组成：一是对教师教学工作（教学设计、组织、实施等）的评价；二是对学生学习效果的评价。在全程工学交替人才培养模式的制度框架下，应采用针对性与发展性相协同的评价机制，即依据可持续发展的价值取向进行教学评价。

（三）全程工学交替人才培养模式的实践要素

上文所述的全程工学交替实施基础，是深化职业教育人才培养模式改革的基本要求，是对职业教育"五个对接"的解读与呼应。现代职业教育要实现五个对接，"专业与产业、职业岗位对接，专业课程内容与职业标准对接，教学过程与生产过程对接，学历证书与职业资格证书对接，职业教育与终身学习对接"。我们尝试通过对酒店管理专业全程工学交替人才培养模式的探索来打通教育世界和工作世界的壁垒，有效落实职业教育改革发展诉求。

陶行知先生曾在《生利主义之职业教育》一文中精辟地论述了职业教育的开展和职业学校的建立应具备"师资、课程、设备和生源"四大要素，创建了比较完整的职业教育思想体系。如今，我们探索全程工学交替人才培养模式也应从这些方面着手开展研究。国内外学界在工学交替方面做了很多有益的探索。我们可以借鉴，但是不能生搬硬套，要结合地区产业发展、专业现状进行研究，探索本土的、校本的实践模式。

第三节　全程工学交替人才培养模式的框架设计

陶行知先生倡导："手脑并用、真教真学。""事情怎样做就怎样学，怎样学就怎样教。"结合前文分析，我们认为，全程工学交替人才培养模式试点实践同样需要"场景、资源、师资和考评"做支撑。映射到具体的办学实践，即"培养形式""课程建构""基地建设""师资培养""教学实施""质量监控"六大要素。

（一）培养形式

全程工学交替人才培养模式的实施是一项系统工程，其试点发展的基础是学校和企业的深度合作。只有企业方从单纯的"用人"单位上升到"合作育人"方，才能确保专业培养不流于形式。

多元办学主体构成了全程工学交替人才培养模式的利益共同体。与传统的企业冠名班、订单培养、顶岗实习相比，全程工学交替人才培养模式更强调"双元育人，岗位成长"，因此也更具针对性和专业性。

全程工学交替人才培养模式要求招生与招工一体。招生的形式，可以灵活多样，既可以在中招时进行，也可以在学校现有相关专业按一定规则重新组班。无论是哪种形式的招生，企业均应参与招生，以明确其育人主体地位，提升企业参与育人的主体意识，明确企业的责任、权利和义务。

为了明确在全程工学交替人才培养模式中，学生、学校和企业三方各自的职责、权利和义务，三方应签订合同或协议。协议应包括：学校与企业的合作培养框架协议；家长与学校和企业的培养协议。

一方面，学校与企业之间签订合作培养框架协议，明确学校和企业在联合培养人才中分别应尽的责任和义务，明确企业应参与学生培养的全过程，协助制定标准，改革课程，提供岗位、设备和技术指导等；而学校则应根据企业用人需求培养人才，落实各项教育措施，组织好课程的实施与考评，并支持开发先进技术、提供技术服务。另一方面，学生家长代表学生与学校、企业签订三方协议。明确学校和企业应提供学生成长所需要的教育，要求学校和企业严格落实相关人才培养方案，保障学生的合法权益；学生则应同意接受学校和企业联合实行的相关教育。若学生和家长同意，在学业期满后可优先选择在企业工作。

（二）课程建构

本研究中，全程工学交替人才培养模式应围绕酒店行业职业岗位（群），培养掌握酒店职业岗位（群）所需要的专业基础理论和职业技能的、具有较强实践动手能力和综合职业能力的酒店业高素质技术与管理人才。而随着科技和经济社会的发展及生活方式的转变，技术革新周期缩短、职业变迁不断加速，这就要求职业教育培养受教育者更广泛的职业能力。全程工学交替人才培养模式旨在融合"技能训练""工作实践""理论教育"的体系，与之相适配的课程体系须具有整合性、应用性和定向性。

1. 课程体系建构思路

全程工学交替人才培养模式课程体系建构思路一是要素整合：整合多维培养目标，融合学历教育要求，融合国家职业资格能力标准和企业岗位用人标准的职业资格要求，全面考虑学生的可持续发展基本要求；二是模块化开发：提炼技能养成要素，遵循技能型人才成长规律，从典型工作岗位中提取典型工作过程与工作任务，结合专业知识基础进行模块化课程开发。

2. 课程设计原则

全程工学交替人才培养模式下的课程体系由学校课程与企业课程双线交织而成。一是坚持整合性。基于职业教育"五个对接"，课程整合遵循

"基础类课程综合化、技术类课程理实一体化、技能训练类课程项目化"的原则，力求构建融合"技能训练""工作实践""理论教育"的课程。按学生的成长规律分四个阶段设置课程，每个阶段分别对应学校课程和企业课程。课程设置既重视学生基本人文素养和基本职业素养的养成教育，又重视学生专业技能的培养，将学校教育与企业教育有机对接，培养具有良好素养的企业员工。二是坚持应用性。应用性以"职业能力"为关键词，着力构建以"岗位需求"为依据，以"职业活动"为主线，以"职业能力"为核心的一体化课程体系。"一体化"的特质具体表现在：课程对接，执行课程标准与职业资格标准、学校考核与社会鉴定、校内实习与校外实训的接轨；课程重构，打破学科体系，以工作任务为载体，基于工作过程重构"工学融合、理实一体、产学合作"的课程体系；课程资源，实现三个突出，突出"校企合作"、突出"资源特色"、突出"技术特色"。三是坚持定向性。专业人才定向培养围绕"人文素养和基本职业素养—职业基础能力—职业专项能力—职业综合能力"形成主线，采用"岗位体验—拟岗学习—轮岗实训—顶岗实习"的工学融合的专业人才培养路径，实现职业能力"岗位化"培养。

（三）基地建设

实训基地作为开展专业人才培养工作的重要场所，既是提供学生专业技能实践的平台，也是连通教育世界和工作世界的桥梁。基地建设的总体原则是遵循技能型人才成长规律，坚持"校内基地生产化、校外基地教学化"，为学生提供真实的学习工作场景。基地建设思路是校企联动、优势互补，充分利用学校的教育资源和企业的设备资源，建设形成校内实训基地和校外实训基地有机结合的教学基地。

实训基地的建设规划由学校和酒店企业共同商定，从硬件设计和软件配套两方面统筹安排，基地实行企业化管理模式，实现教学、生产、培训的有机结合。校内基地建设应融合品牌技术标准和品牌教育标准，参照酒店行业实际模型进行结构布局和设备选型，并通过引进企业资金或设备，开发校企合作生产性实训项目等策略，实现基地与酒店、酒店与课堂的一体化。而校外实训实习基地则应重视开发其教学功能，实现教学与训练、训练与真实工作的有机结合。在实训中应按照企业的管理模式组织实训，注重培养学生对专业的热爱，培养学生的团队协作精神，增强学生的专业技术能力和沟通能力。

同时在基地建设中应加强文化建设，使其同时成为培养学生职业道德和综合素养的场所。强调文化育人，积极以知识窗、标语牌、技术名人、学生实习成果展示台等丰富的形式，营造出浓厚的专业文化、技术文化与企业文化氛围，充分发挥文化育人的导向功能、凝聚功能、激励功能和辐射功能，使学生在现代工匠精神的熏陶下全面提高职业素养和综合素质，培养有爱国之心、文明高雅气质、愉悦向上心态、娴熟实用技能、创新开拓精神的现代员工。

（四）师资培养

全程工学交替人才培养模式通过学校教师与企业师傅的联合传授，进行技能人才培养。建立高素质的校企合作教师团队，是保障教学质量的关键。

校企合作教师团队有两层含义：一是教师个体具有"双师型"性质；二是教师群体具有教师身份和行业企业专家身份的"合作混编"结构。校企合作教师团队要始终保证学校教师的主导地位。全程工学交替人才培养模式应在小班教学的基础上进行班组编排，为每个班组配备一名企业师傅和一名学校教师，即实行双导师制。师资培养的策略：一是成立师傅资源库，优先挑选思想素质高、业务能力强的教学骨干和能工巧匠担任企业导师，并配套教学管理激励制度，创设良好教育环境。二是加强兼职教师队伍建设，形成专兼互补的格局。选聘企业专家骨干、能工巧匠担任兼职教师，开设专业讲座或指导学生实践。三是加强师傅队伍建设。依托教学项目，开展产教学研合作，提高师傅们的"双师"素养，提升其实践教学能力和工程技术应用能力，促进师徒互动、师徒相长及校企共进。

（五）教学实施

全程工学交替人才培养模式教学改革的重要特征是"理论教学与技能训练相融合""教学内容与工作任务相融合""教育规范与技术规范相融合"，促进学生手脑并用，在职业情境中学会学习，学会合作，学会工作。"按事情怎样做就怎样学，怎样学就怎样教"的原则，构建基于工作过程的学习，使学生处在"实践的群体"之中，帮助学生构建基于行动的隐性知识体系，培养他们的实践能力和业务能力。

全程工学交替人才培养模式教学实施的具体策略包括：第一，课程开发与教学基地建设。真实的工作任务和工作场景是开展全程工学交替人才培养模式教学的基础条件。这里不再赘述。第二，转变方式。教材由单一的"学科知识型"或"实训型"向"理实结合型"转变；场所由教室向实训室、企业空间转变；方法从"讲授型"向"行为引导型"转变；学生由"被动接受、学习模仿"向"主动实践、手脑并用"转变。教师将围绕真实的工作任务，基于"行动导向"的原则开展"做学教合一"的教学组织活动，在教学中灵活采用启发式策略、控制策略、小组合作策略等，探讨多种教学方法，如项目教学法、案例教学法、引导文教学法、模拟训练法、角色扮演法等。

（六）质量监控

全程工学交替人才培养模式应构建行业指导、学校和企业共同参与的立体多元教学质量评价体系。以现代视角重新审视职业教育，不难发现，其最大的特点是，"教产学做一体，做中学，学中做"，用现代话语描述，就是所谓"专业与产业一体化"和"工作现场教学"。产业固然是职业教育生存的土壤，"规范严格的行业考评机制"更是专业得以延续和发展的不可忽略的重要因素。在欧洲传统学徒制下，徒工期满学成才可"出师"，就是说徒弟要达到相应的规范，通过相关的考评才算修完学业，有资格从事相关工作。而这样的考评是与岗位紧密结合的，考评的内容包括职业道德和职业能力。而我国在唐朝就按工种建立了完整、严格的师徒训练方式和相关考核制度。《新唐书·百官三》中记载："细镂之工，教以四年；车路乐器之工，三年；平漫刀稍之工，二年……教作者传家伎，四季以令丞试之，岁终以监试之，皆物勒工名。"基于岗位的人才培养规范有效保障了传统学徒制与产业的共生共育。借鉴传统学徒制的做法，并结合现代职业教育的特征，全程工学交替人才培养模式质量监控应着重考虑两个方面。

一是多元参与。为了保证专业教育培训的质量和效率，政府部门、行业委员会、学校等机构承担着相互监督的责任。因此，多元参与是质量监控体系的重要特征。政府部门发挥引导决策作用；行业委员会专家负责指导、诊断和认证工作；而学校和企业作为育人主体，应直接负责全程质量监控。校企双方围绕学历教育标准、企业用人标准，以及行业技术标准，建立与课程体系相适配的评价标准，并试着将部分课程考试与职业资格鉴定相统一。校企双方共同为导师和学生建立工作档案，跟进其工作和学习的情况。制订学习评价方案，以学生自我评价、相互评价和校企评价相结合，引导学生全面发展。同时建立工作自我检查评估机制的相应试点，监测阶段目标任务的完成情况和成效,及时发现问题、提出对策建议,以促进试点工作顺利开展。尤其需要强调的是,企业应全程参与学生的学业和思想品德评价,以企业员工的职业素养标准来要求学生,将对学生的学业和思想品德评价作为将来录用毕业生的参考。

二是过程评价。在全程工学交替人才培养模式的制度框架下,应采用针对性与发展性相协同的评价机制,即依据可持续发展的价值取向进行教学评价。具体的原则包括:第一,过程性考核和终结性考核相结合,兼顾"定量与定性""过程与结果"。在实施全程工学交替人才培养模式的过程中,按既定培养方案,定期对师傅和学生的教学情况进行考核,并适时进行反馈、沟通,尤其要加强"诊断性"评价,以有效地监控教学质量。第二,教育标准与职业标准相对接,将职业素养要求有效地贯穿于教育教学之中。推行学历证书与职业资格证书对接"双证"制度,提升人才培养的针对性。对于专业教师而言,是考核其"双师"能力,以及担任指导教师的能力。对于学生而言,则需要考核其知识本位要素、关键技能要素和能力本位要素,既包括对文化知识、人文素养的考核,也包括对职业任职资格、职业综合素养的考核。尤其应强化工学结合,加强实习实训环节的考核,确定不同层面的实践技能考核,强调在工作情境中进行工作能力考核评价,以培养符合企业用人标准的技术人才。

第四章 全程工学交替人才培养模式中的专业建设

酒店管理专业探索全程工学交替人才培养模式的最终目标是提高学校人才培养质量和市场适应性。要想实现这一目标,就需要学校结合酒店行业发展特点,调整专业结构,改革课程内容,让行业、企业参与人才培养全过程,实现专业设置与产业需求对接,课程内容与职业标准对接,教学过程与生产过程对接,毕业证书与职业资格证书对接,职业教育与终身学习对接,这样才能让全程工学交替真正成为一种有效的人才培养模式。

第一节 全程工学交替人才培养模式中专业建设的意义

基层职业院校有句俗话:学校会搬迁,领导会调整,教师更替更频繁,留下的是经过市场考验的专业。专业建设是职业院校的重要基石,是学校适应社会人才需求和引导社会人才消费的一个基本尺度,反映了学校对经济社会发展、科技进步和职业岗位的适应程度。学校专业建设是一个全局性很强的实践问题,也是一项重要的基础性工作。

(一)专业建设是人才培养模式改革的核心工作

目前职业院校的各项改革,根本改变的是人才培养模式。而人才培养模式的改革必然要依托专业和课程展开。专业是职业院校的生存之本,是现代职业教育最重要的基础。专业建设关系到人才培养的规划和效益,关系到资源的配置和整合,也关系到人与教育、教育与社会的协调发展。专业建设是人才培养方案及组织管理的实施,是知识形态、活动形态和组织形态的统一体。对于职业院校来说,专业建设应侧重于采取灵活有效的方式，紧跟市场需求确定专业方向和规格，精选课程，优化结构，创新培养模式，不断提高培养专业技能型人才的水平。

伴随着现代产业的兴起和发展，职业教育也快速发展起来。职业教育以能力为本位、以就业为导向的培养理念，适应了社会快速发展的需求。学校专业与区域相关岗位群联系是否紧密，专业技能核心要素与岗位要求是否对应，专业课程教学与工作过程是否一致，都直接影响专业的前途与命运，影响学校的生存与发展。

全程工学交替人才培养模式的提出，正是对目前职业院校酒店管理专业建设与酒店行业相脱节这一现实问题的思考。因此，我们首先应明晰专业建设的目标与思路，统一思想认识，依据区域酒店行业运营特点，结合学校现有的基础条件，调整酒店管理专业结构，提升专业内涵。

（二）专业建设是体现职业教育社会职能的根本保证

专业是职业院校与社会行业、就业岗位群衔接的载体，只有不断加强专业建设与产业对接，才能保证职业教育与经济社会互动发展。职业院校应依据经济社会发展需求与职业岗位来设置专业类别、优化专业结构、组织专业建设，这样才能保证学生所学的知识与岗位需求密切结合。

"职业教育为就业服务"，进一步明晰了职业院校以就业为导向的发展方略。职业院校应主动对接企业，把握地方经济社会发展动向，综合分析社会需求，处理好市场需求和专业规模效益的关系，调整建立适应行业需求的专业结构。随着传统产业的技术升级和以高新技术为主的新产业的发展，社会职业也随之发生变化，职业体系逐渐呈现动态性特征，要求职业院校专业建设更具灵活性，根据经济发展和职业岗位变化及时调整专业结构，开发出对口专业。如从酒店行业来看，近年来网络营销、智慧酒店、城市客栈等新业态出现并流行，这对酒店管理专业教育的专业设置和课程体系的修订提出了新要求，专业内涵必然要增加"数字化运营"的内容。现在的课程体系强化平台课程的专业基础作用，通过拓宽专业口径增强学生的社会适应性，以宽口径增加专业方向的灵活性，满足不同时期、不同岗位的需求。推迟学生的专业定向，让学生有更多机会发现社会的真正所需和自己兴趣与潜能之所在。

（三）专业建设是提升学校核心竞争力的关键要素

加强专业建设，尤其是品牌专业、特色专业的建设不仅是应对市场竞争的需要，也是强化自身竞争力的需要；品牌专业、特色专业是一所职业院校综合实力的象征、整体水平的体现和价值观的追求。

职业教育的改革理念要落实到教育教学中去，专业建设是载体。调整专业结构、丰富专业内涵是职业教育教学改革的切入点，也是在激烈的办学竞争中，学校自我发展、自我完善、自我提高的关键要素。因此，学校应充分认识专业建设的重要性和专业发展的必要性，自觉将专业建设作为学校的重点工作任务，持之以恒，常抓常新，形成专业优势。在全程工学交替人才培养模式改革背景下，学校应借助校企合作平台不断了解地方产业人才需求的变化，更新需求数量、人才结构、规格等方面的信息，对分类汇总后的数据进行分析，合理调整专业设置，优化专业结构，丰富专业内涵，增强专业实力。

第二节 全程工学交替人才培养模式中专业建设的主要任务

专业建设一般包括课程建设、实训基地建设、师资队伍建设等多方面工作。其中，课程建设是核心，实训基地建设是保障，师资队伍建设是关键。

（一）课程建设是专业建设的核心

课程是为了实现一定培养目标而精心选择的教育与训练内容的范围及其安排的总和。在职业教育视域中，课程建设是专业建设的落脚点，课程的设置体现了专业的侧重方向，是专业与产业对接的基础单元；课程教学内容体现了教师对岗位的认知，是知识、技能与岗位职业能力吻合度的直接体现；课堂教学组织体现了教师的教学理念，是影响学生对知识、技能、职业素养接受度的重要因素。要想提高学校教学质量，就要从教学的最基本单元——课程的建设做起。课程建设又是一项复杂的系统工程，涉及学校工作的方方面面，需要相关各方的支持和帮助。教师长期在教学第一线工作，是课程教学的第一责任人，他们了解学生、了解课程知识和岗位需求，课程改革和实施离不开他们。因此，学校首先应提高教师的思想认识，使他们重视课程建设，统一课程改革思想。其次要充分调动教师的积极性，开展课程改革和建设，发挥教师在课改中的主体作用，使他们自觉地参与教学改革，参与课程建设。

全程工学交替人才培养模式强调理论学习和实践训练并重，相互配合，以提升学生的岗位职业能力为目标。在职业教育中，专业理论教学不同于基础教育或普通高等教育，不强调系统地传授某学科领域的完整知识，而是按照培养岗位职业能力的需要，有针对性地选取相关学科知识进行教学，强调教学知识的针对性、实用性。实践教学也不同于普通高等教育的实验教学，不是为了验证理论的正确性或进行简单技能的普及，而是要把所学的理论知识与岗位实际工作任务相结合，使学生获得处理和解决实际问题的能力。

因此，全程工学交替人才培养模式课程建设应开发基于岗位工作过程的课程，通过对工作任务的分析，提炼出典型工作任务，形成学习领域内容，以真实工作任务为载体，实施项目教学。在教学中，在强调专业技能训练的同时，还要注重培养学生正确的人生观、价值观和就业观，提升其职业素养和社会责任感。

（二）实训基地建设是专业建设的保障

职业教育要培养技术技能人才，实训基地建设是保障。全程工学交替人才培养模式强调发挥行业企业等社会力量合作育人的作用，合作办学将为理论教学与岗位实践的结合搭建一个有效的平台。合理安排基础实训、生产性实训、企业实训、顶岗实习等项目，突出教学过程的实践性。例如，酒店专业，按照"基地建设企业化"和"实践教学生产化"原则，建设生产性实训基地，引入星级酒店管理模式，营造真实的服务环境。通过生产性实训基地的建设，深化实践教学改革，形成以基础技能教学、综合实训教学、生产性实训教学、企业实践教学等模块为基本内容的实践教学体系。整体优化实践教学环节，突出岗位技能培养。

通过实施全程工学交替人才培养模式，构建教学、生产、科研、培训四位一体的实践教学平台，提高学生动手能力和实践创新能力。校企双方确定人才培养目标，共同拟订培养计划，发挥各自资源优势，分别安排学校专业教学和企业实践教学，通过"校企合一""双场育人"，实现教育效益、社会效益和经济效益的统一。

（三）师资队伍建设是专业建设的关键

校企合作开展教师团队建设是全程工学交替人才培养模式顺利实施的重要保证。对于基层学校而言，从教学组织的稳定性来说，教师团队的基础依旧是校内教师队伍。职业教育突出职业能力培养，这就要求教师不仅要具备与岗位相关的理论知识，还要有一定的岗位实践技能，掌握行业、产业的最新技术动态和发展趋势，具备项目课程开发设计能力和较强的实践活动组织能力。因此，建立"双师结构"尤其是具有"双师素质"的师资队伍是加强专业建设、提高办学质量的迫切需要，也是全程工学交替人才培养模式顺利推进的重要保证。

要明确的是，"双师素质"教师不是"双证型"教师。"双证型"教师仅仅代表从业人员除了拥有教师资格证书外，还拥有相应的职业资格证书，但实际上，资格证书标准往往与行业实际脱节。职业院校需要的是真正具备专业素质、熟悉企业岗位能力要求的专业教师。如何判断一名教师是否具备专业素质？一个重要标准就是当这名教师真正置身企业工作环境时，能够熟练开展工作。这才是职业院校需要的合格专业教师，也就是真正具有"双师素质"的教师。在专业教学中，他们是知识的传播者，可以让学生学到丰富的专业知识和实践预备知识；他们是能力引导者和道德示范者，可以提升学生的职业素养和职业道德。在实践教学中，他们是身怀技艺的师傅，不但能教给学生实际操作的要领，而且还能让学生学会创新和开发。然而，如何培养具备"双师素质"的教师队伍成了摆在职业院校面前的难题。

首先要"请进来"，拓宽引进人才的渠道。其一，可从有关学校引进具有"双师潜质"的毕业生，或者从企事业单位引进高层次技术人才。为充分发挥人才作用，可让其牵头组建教学团队、名师工作室等，以团队合作的形式，带领团队中的骨干教师成长，实现"双师素质"的提高。其二，可以从生产服务一线的高技术人员中挑选一部分理论和实践水平较高的专业技术人员，聘请他们负责专业教学工作，定期开展教学交流工作，加强学校的"双师"氛围，促进专任教师与专业技术人员的教学和技能水平的提高。其三，也可以聘请企事业专家来校做指导讲座，介绍社会最新技术和咨询，拓宽教师眼界，使其明确钻研方向。

其次要"送出去"。深化校企合作，丰富专任教师的企业实践经历，是"双师素质"教师培养的有效途径。一是建立职业教育教师到企业实践制度，专业教师每年要定期到企业或生产服务一线实践，坚持新入职教师深入企业一线顶岗实践制度；二是鼓励教师面向企业、面向生产，直接参与技术开发、技术转化与技术改造，使其通过为企业提供技术咨询、开发产品、转化科研成果，得到进一步的锻炼和提高；三是鼓励教师参与专业实训室、实训基地建设，在实践中锻炼和提高教师的专业实践能力。

最后要"留得住"。培养出的人才要能留得住，才能使其更好地为学校专业建设服务。因此,只有建立合理、有效的激励机制,才能确保教师继续学习的动力,才能有效提升教师队伍质量。新入职的专业教师先从取得"双证"开始培养"双师素质"。在职称晋升、骨干培养等方面,同等条件下优先考虑具备"双师素质"的教师。对于一些具有潜力的中青年优秀教师,要有计划地安排外出培训或企业轮岗,进一步提高他们的"双师素质"。

第三节 全程工学交替人才培养模式中专业建设的具体实践

(一)人才培养目标的确定

职业院校人才培养目标包含人才培养的层次、种类、规格和要求,具体包括两方面:一是培养方向,即为什么领域、什么岗位培养从事什么工作的人;二是培养的具体规格和标准,也就是受教育者要具备什么素质,达到什么要求。它回答了教育"培养什么样的人才"这一问题,侧重解决职业院校人才培养方向等问题。人才培养目标是职业院校教育教学工作的出发点和落脚点,是职业教育性质的体现,反映了一定时期社会发展的需要,确立切合实际的人才培养目标对职业教育的发展具有极为重要的意义。然而,近几年职业院校酒店管理专业人才培养目标的制定与企业需求之间存在着结构性的矛盾。部分职业院校酒店管理专业人才培养目标定位不准确,存在着定位过高或过低的现象。酒店业是社会的浓缩体,调研中,酒店资深从业人员告诉课题组成员,酒店业务工作可以归纳为三部分,即标准、流程、检查,最终形成一个管理的闭环。针对这一点,该人士认为酒店缺少的不只是某领域的人才或具备某一技能的人才,而是能够独立分析、解决问题,集理论、实践、公关等能力于一身的实用型、复合型人才,因此职业院校酒店管理专业人才培养目标的定位应该从原来的技能型人才向综合型人才转变。

制定职业院校酒店管理专业的人才培养目标,应该先对所在区域酒店业的人才需求进行分析,具体应从专业规格定位、职业定位及学生素质和能力定位三个方面进行。职业院校酒店管理专业应以培养实用型、技术型、技能型人才为目标,设计培养学生知识、能力、素质的人才培养方案,围绕突出能力培养,创新构建人才培养模式;强调思政课程的系统性,重视挖掘课程中的思政元素,以提升学生的职业道德;强调文化基础课程的系统性，以培养学生的可持续发展能力；强调专业课程的系统性，以培养学生对岗位的适应性和针对性。另外，职业院校酒店管理专业培养的学生主要初始就业岗位群应该为星级酒店、度假村或餐饮连锁等酒店企业一线部门的服务和管理岗位，如前厅接待人员和商务中心人员，客房部房务中心管理员，餐饮部服务师、点菜师、预订员或接待员及其他后勤部门人员。因此，初次就业的职业院校酒店管理专业学生主要为酒店一线岗位服务人员和基层管理人员。同时，学校要注重学生职业生涯教育，鼓励学生随着酒店业的发展不断对专业知识和技能进行更新，培养学生较强的创新、创业能力，使其能够在酒店业的职业生涯中越走越远。这样的培养目标貌似不高，一般会认为毕业生都能达到，实际上，酒店业是一个系统性极强的行业，有大量的对客服务工作是它的一大特点。这样的服务有通行的岗位标准，也有规范的服务流程，每一项服务都会涉及酒店的各个岗位，员工既要"眼疾手快"，又要"耳听八方"。可见，酒店行业对工作人员的职业能力要求是非常高的，工作人员除了要做好本职工作以外，还要具备与其他岗位工作人员和客户进行"即时沟通"的能力，其中，与客户进行有效沟通的能力最为关键。要使学生具备这样的职业素养，仅靠传统的技能培训是不够的，要让学生在服务的过程中学会服务。从这个角度来讲，酒店人才的培养是需要全程工学交替这样的深度校企合作人才培养模式的。

2020年，江苏联合职业技术学院酒店管理专业在充分调研、论证的基础上，将人才培养目标确定为：培养理想信念坚定，德、智、体、美、劳全面发展，具有一定的科学文化水平、良好的人文素养、职业道德和创新意识、精益求精的工匠精神、较强的就业创业能力和可持续发展能力，掌握本专业知识和技术技能，面向住宿业、餐饮业的前厅服务员、客房服务员、餐厅服务员、茶艺师、咖啡师、调酒师等职业群，能够从事酒店、民宿、邮轮等接待业的一线餐厅、客房、前厅服务，或茶艺、咖啡、调酒服务，以及酒店企业运营管理工作的高素质技术人才。应该讲，这样的人才培养目标定位来源于行业，符合行业的需求，是较为科学合理的人才培养目标定位。

（二）课程建设

在酒店行业快速发展的背景下，企业对高素质技能型人才的需求与日俱增，对人才的专业素质的要求也越来越高。为了提高人才的质量，职业院校酒店管理专业应该以就业为导向，以能力为本位，根据酒店管理职业岗位能力要求，积极建设和开发"产教融合、工学结合"的核心课程、特色教材，创新教学模式，将全程工学交替人才培养模式的理念贯穿在课程建设、教材开发和教学改革中。

在职业院校酒店管理专业全程工学交替人才培养过程中，学校应该主动邀请行业、企业专家共同商讨构建酒店管理专业课程体系。行业、企业专家应主要由企业基层骨干或管理干部组成，接受过酒店专业教育，并且参加过专业进修；不仅熟悉酒店岗位技术性工作要求，而且熟悉与酒店工作岗位相关的个人职业生涯发展、现场管理、岗位间相互关系等社会性要求；行业、企业专家还应该要有传授经验的热情，且具有较强的语言和文字的表达能力，愿意并能够描述出他们对工作对象、工作方法、劳动组织方式等问题的认识、感受和经验。通过召开专业办学指导专家研讨会，梳理酒店员工在不同阶段的代表性工作任务、典型性工作任务，进而将工作任务转化成学习课程，并确定课程内容，最终确定完整的课程体系。这种课程体系的构建要以学校的人才培养目标和酒店企业的人才需求为依据，并配合基于工作过程的理论知识、综合素质和动手操作能力的框架体系进行建设。职业院校旅游专业团队应该以够用为原则，适当压缩专业理论课的教学学时和内容，增加学生在实际岗位的实践课程，为学生提供充足的参与酒店企业生产性实践的时间。学校可以根据人才培养方案组织学生到酒店企业参与实际岗位的服务。

职业院校的课程设置、课程内容改革与发展水平在很大程度上决定着人才培养的质量。职业院校酒店管理专业课程改革要在让学生掌握够用的理论知识的同时，培养学生的职业综合素质和能力，尽可能地向学生提供参与酒店实际工作的机会。近年来，在教育部的倡导下，国内很多职业院校酒店专业在课程建设方面取得了比较丰硕的成果。课程的开发除了需要在教学方法和手段上加入现代化媒体的要素以外，更需要酒店企业加入，与学校共同开发满足酒店企业发展要求、实用性强的课程，从而达到提高教学效果和学习效果的目的。

教师是课程开发和实施的主体，全程工学交替人才培养模式下的课程开发和实施应是校企合作的结果，学校教师和企业教师组成课程校企合作教师团队，在对岗位能力要求进行充分调研的基础上，将酒店的典型工作任务转化为学习课程，在确定各专业课程教学内容时，应做到教学内容与酒店服务流程、酒店业务流程、岗位工作流程相结合。酒店业处于快速发展之中，全程工学交替人才培养模式应该是与现代酒店业共同进步和发展的动态模式，教学内容应随酒店内部的相关变化而进行不断调整和更新。这就要求在全程工学交替人才培养模式下的校企合作必须充分调动和发挥其利益相关者的积极性，共同制定、修订并不断丰富教学内容，使其与酒店企业实现无缝结合，使校企合作达到课程教学层面，真正实现全程工学交替的课程改革。

全程工学交替人才培养模式下的课程建设具体实践内容将在下一章具体阐述。

（三）师资队伍建设

师资队伍建设是学校发展的永恒课题，而师资队伍结构是师资队伍建设中的重要组成部分，特别是在职业院校中，建有一支"双师结构"的专兼教师队伍，对人才培养目标的实现更加重要。"双师型"专任师资队伍是酒店管理专业进行专业建设和教学改革的保障，是提高酒店管理专业学生质量的关键因素。因为专任教师是沟通酒店实际需要与教学改革的桥梁，是酒店管理专业围绕企业进行专业建设，完善实训场地和验证教学水平的实践者。他们通过调查及自身业务实践可以了解到酒店业人才需求的情况，进而能够把握高职院校酒店管理专业的发展方向，并能够对本专业的课程体系、课程结构、授课内容和学生需要掌握的专业技能等进行适时的调整。因此，打造一支既有扎实的酒店理论功底和科研能力，又有丰富的酒店从业经验和酒店管理经验，特别是较强的实际操作能力的"双师型"教师队伍，才能在教学过程中做到游刃有余，既能动口讲解，又能动手演示，真正建成"文武双全"的"双师型"师资队伍。兼职教师队伍建设的目的是强化实践教学，解决职业教育中理论和实践脱节的问题，也是职业院校的一种战略选择，是快速提高师资队伍水平，实现产学结合的重要保证。聘用兼职教师可以解决学校教师数量不足的问题，改善教师队伍结构，同时可以通过兼职教师的引入来强化实践教学环节，提高人才培养质量，最终促进产学研紧密结合，实现校企双赢。

在全程工学交替人才培养模式中，专业师资队伍建设的目标就是建立"校企合作教学团队"，以承担建设和实施综合实训课程的主要任务，发挥校企师资各自的特长和优势，切实提高课程质量，满足学生职业发展需要。例如，江苏联合职业技术学院镇江分院酒店管理专业为了完善酒店管理专业课程体系，提高咖啡课程建设和实施水平，邀请咖啡企业专家参加咖啡课程开发建设，企业导师和校内教师组成校企合作教师团队，共同制定课程标准，依据咖啡制作和服务的工作序列，将咖啡企业的经营项目转化为课程项目。课程实施中，企业导师和校内教师共同授课，企业导师负责操作指导，讲解各类咖啡品种的市场需求和服务中的经典案例，校内教师负责课堂组织，教学内容的讲述，课后师生的在线互动。校企合作教师团队这种新型课程实施形式，有效保证了咖啡课程设置、教学内容与行业发展和企业需求相一致，确保培养出来的学生能够达到咖啡业岗位或者相近岗位群对人才能力的要求，高效的课堂也受到学生的欢迎，学生们纷纷表示学到了真东西。一些学生毕业后走上了与咖啡业相关的创业道路；有些学生凭借咖啡技能参加了国际咖啡比赛、世界技能大赛酒店服务项目比赛等，取得了不俗的成绩。校企合作教师团队还利用咖啡实训基地扎实开展创新创业教育，已初显成效。通过建设创新创业教育的平台和基地，使创新创业实践活动与专业实践教学有机衔接，既锻炼了学生的实践技能，也丰富了学生创新创业的经历。在这个案例中，企业兼职教师发挥了重要的作用，学校创立兼职教师引进机制，为兼职教师进入学校施展才华打开了方便之门。企业教师参与人才培养方案的制订，与校内教师一起建设咖啡课程，制定了课程标准，还利用自己的专业优势，参与咖啡实训室的建设，将咖啡实训室打造成一个校内"微企业"。企业教师还担任学生的创业导师，指导学生利用实训室进行咖啡店运营实战演练，使学生在课程学习中，实践了咖啡店的全过程服务。学校于学生在校学习期间，实现了工学交替的全程化。

（四）实训基地建设

实训基地建设是酒店管理专业建设的重要内容之一，直接影响到职业院校的教学质量。良好的实训环境和实训设备，能够帮助学生将学到的理论知识运用于实践，使学生在特定的环境中真正达到"教、学、做、练"一体化，促进学生提高实际操作的技能水平。全程工学交替人才培养模式下，实训基地要为学生职业技能和职业素养的"全程"培养服务，尤其是酒店管理专业，要能够让学生在实践中体验如何为他人服务。

1. 校内实训基地建设

（1）专业实训基地。

《教育部关于加强高职高专教育人才培养工作的意见》指出："建设

校内系列实训基地是培养高等技术应用性人才的必备条件。"酒店管理专业的人才培养目标是培养具备实践能力的技能型人才,这就要求学生掌握酒店对客服务和管理等操作技能。为了实现这一目标,校内必须建有设备完善、功能齐全的各种实训室。

以江苏联合职业技术学院镇江分院为例,2013年12月,该校旅游综合实训基地被列入江苏省职业教育高水平示范性实训基地建设项目。

在两年高水平示范性实训基地的建设周期内,该校酒店管理专业新建或扩建中餐实训室、西餐实训室、茶艺实训室、咖啡与调酒实训室、客房实训室、前厅服务实训室等实训空间。这些实训室不仅能满足实际的教学工作的需要,还能满足学生开展社团活动的需求,借此拓展学生的专业技能,使学生能更好地适应竞争日益激烈的社会。同时,实训室为进行相关职业技能培训与考核提供实训场所,2016年旅游综合实训基地被认定为江苏省高水平示范性实训基地,2017年被评为江苏省首批职业院校现代化实训基地。2017年7月15日,江苏省教育厅领导视察旅游综合实训基地,对实训基地建设成果给予充分肯定。

在实训室建设准备和实施过程中,该校一直秉持着这样一个观点:实训室是用来实训的,不是给人参观的!实训室要高度还原企业实际,使学生能够有充足的技能训练机会。实训室的主要功能就是培养学生的工作能力,学生工作能力的评判应遵循行业的标准和要求,这就需要职业院校深入推进产教融合、校企合作,将企业的具体项目和技能标准引入实训室的教学。酒店管理专业在实训室建设上进行全仿真化模拟,尽可能贴近酒店业工作的第一线,努力营造真实的职业环境;在课程实施上,按照职业岗位的能力要求,建设与岗位技能一致的综合实训课程,通过实战,以真实的酒店服务与管理项目内容和环境为背景进行实践训练,能有效地提高学生的工作技能和综合素质。

完善的实训设备和场所能为学生在教师或企业导师的指导下进行科学的练习提供条件,使其真正做到熟能生巧,达到行业和企业的标准。校内实训改变了传统的以课堂为中心的教学模式,理论课和实践课相互结合、相互渗透,能培养学生的动手操作能力。此外,在工学结合模式下,校内实训基地可采取学校统筹管理的动作模式,聘请本校教师或个别有行业、企业经验的业内人士加入学校的管理团队,有效增强实训基地建设,为学生进行校企工学交替打下基础。

(2) 生产性实训基地。

生产性实训基地主要是指职业院校根据人才培养方案，以提高学生职业能力为目标，自己建设或与企业合作建设的具有生产功能的实训基地。酒店管理专业生产性实训基地除满足实训教学的需求外，还能通过对外经营，充分拓展实训基地的功能，提高校内实训基地的利用率。对于酒店管理专业来说，既能通过酒店经营服务社会，实现经济效益，也能在生产过程中培养学生的职业技能和职业意识。此外，生产性实训基地是校外实训基地的补充，实训基地的实践和培训使学生既开阔了视野，又提高了实际操作技能，为以后进入酒店实践打下了坚实的基础。

酒店服务生产性实训基地的实训功能与一般实训基地相比，具有综合性的特点。一方面表现在功能的综合性，前厅、餐饮、客房、康乐中心等场所设备齐全，更重要的是设备的使用能满足酒店实际工作流程的需求；另一方面学生在校外实训基地见习时，企业出于经营考虑，在见习生的工作安排上往往存在岗位单一、轮岗困难等问题，学生很难有机会独立自主地处理服务过程中遇到的各种问题。而校内生产性实训基地运营的最终目的是满足学生的实训需要，在校内的生产性实训基地，学生在教师指导下能够在不同的岗位得到充分锻炼，其综合能力能够得到较大的提高。

江苏联合职业技术学院镇江分院自建并管理四星标准的镇江听鹂山庄酒店有限公司，它是学校酒店管理专业学生的实训基地，也是省内为数不多、具有对外经营资质的酒店管理专业生产性实训基地。听鹂山庄花园别墅式的建筑共分三层，建筑面积达 8 000 多平方米。有增华厅、鹂鸣厅、竹溪厅、望鹤厅等以镇江南山著名景点命名的中餐包厢，装饰华丽气派、精致典雅，可供 300 多人同时用餐。拥有温馨舒适的双人标准房 46 间，豪华商务套房 3 间。拥有可容纳 200 多人的大会议室和可供 30—40 人使用的视频会议室、多功能会议室、小型会议室等多种类型的会场。按照酒店运营的标准，能够作为实际经营的酒店，具有餐厅、客房、康乐中心、会议室等多样化服务设施。酒店办理了工商营业执照，按企业运营需要设置管理部门，制定了较完善的规章制度。基地能为学生提供前厅、餐饮、客房等多岗位的实训机会，学生不仅要接受各项操作训练，而且要在真正的对客服务过程中尝试解决各类问题。学生进入酒店后，从工作服穿戴、设备使用、流程执行及制度化管理等方面都能感受到现代酒店的气息，从而得到职业精神、职业能力的培养和锻炼。

学生进入生产性实训基地参与实训后，他的身份就是一名酒店员工，其仪容仪表、言谈举止都应符合酒店从业人员的职业要求，必须遵守酒店工作纪律、工作规范，熟悉酒店服务流程和产品特点。在工作中要能够独立解决问题，主动学习服务规范，重视服务细节，自我控制服务质量并主动纠错，及时总结工作得失。这样的实战训练效果是在其他一般实训基地无法达到的。这种职业性的实战训练能帮助学生在走上工作岗位后迅速进入角色，为其职业生涯打下坚实的基础。

生产性实训基地是职业院校酒店管理专业实践教学体系的重要保障，对提高酒店管理专业学生职业素养具有重要意义。建设生产性实训基地是酒店管理专业实训基地建设的趋势。职业院校应加大对生产性实训基地的投入力度，加强运营模式的研究，探索符合自身特点的生产性实训基地的运营模式，为酒店专业人才的培养奠定坚实基础。

2. 校外实训基地建设

进行校外实训基地的建设是落实全程工学交替人才培养模式的必要条件，是职业教育对学生进行职业素质培养的重要途径，是实现人才培养目标的重要保证。校外实训基地为学生真正接触社会，成为"职业人"搭好实训平台，也是职业院校人才培养能够与当地经济、行业经济发展紧密结合的重要场所。

校外实训基地的建设为搭建校企合作提供了平台，为学校与企业之间"请进来""送出去"的教学改革提供了路径。让企业专业人士参与学校的课程设置，对行业、企业的知识技能进行描述，对已开设的课程及其内容进行评价，根据酒店实际工作岗位的需求重新构建课程体系。让学校专任教师真正深入企业进行顶岗实习，走向真实的工作岗位，了解酒店各岗位群及其技能要求，厘清主要职业技能及所需的核心知识，构建以职业需求为主线的课程体系。建设校外实训基地同时还解决了学校与社会、行业、企业脱节的问题及"双师型"教师不足的问题。

根据人才培养方案，学生在五年制大专的第三、四、五学年分阶段进入酒店企业学习，综合考虑酒店的企业文化、管理水平、地理位置、客源构成等因素，兼顾不同类型、风格的酒店。江苏联合职业技术学院镇江分院酒店管理专业通过市场调研，选定镇江万达喜来登酒店、镇江兆和皇冠假日酒店等12家知名品牌酒店企业为实施全程工学交替人才培养模式的校外合作企业。通过构建真实的工作情境，让学生通过企业提供的真实工作场域，在学校教师和企业导师的帮助、指导下提高岗位技能，获得丰富的技术知识，实现角色意识的转变，使他们从纯粹的学习者转变为兼顾学习与工作的角色，实现理论知识与实践知识的整合。

全程工学交替人才培养模式的本质是学校教育通过市场与企业需求紧密结合。职业院校酒店管理专业一个很重要的功能是为区域经济社会发展服务，所以应该主动为酒店发展服务，积极按照酒店需求为其员工组织相关职业能力培训，与酒店共同合作进行横向课题研究，使酒店能够充分地利用学校的资源优势，使学校全程工学交替人才培养模式惠及企业员工，以提高酒店管理人才培养质量。全程工学交替追求校企"双赢"，所以在校企合作、工学交替过程中，学校不能一味地向酒店索求，学校除了向酒店输送人才外，更应该从更高层次向酒店提供其他帮助，只有这样，校企合作的关系才能够长远，校外实训基地建设才能更稳固，在学校人才培养过程中，酒店才能积极主动地为学生提供实践操作的场地和设备，也更愿意派一线岗位的骨干员工参与酒店管理专业实践教学授课和管理，参与教学质量评价。目前，学校与酒店双方是供需双方，学校是供给方，酒店是需求方，供求关系处于供小于求的状态。在这种态势下，学校要抓住机遇，在选择校外实习基地的时候，一定要选择服务规范、管理完善、工作氛围好的酒店，并与其长期合作下去。

充分利用好校外实训基地，除了做好教师的培养以外，还要做好学生到酒店进行实践的安排。在这个问题上，学校要制订合理详尽的计划和列出具体要求，要建立健全实践效果评价标准和体系。要做到时间与质量上的双重保证。在合作期间，要广泛争取酒店的支持和参与，尽可能地为学生提供参与酒店的服务或基层管理工作的机会，在赢得酒店的支持后，进一步开展更深层次的合作，比如，教材开发、课程设置、酒店精英参与授课、酒店员工岗位培养等。另外，可以利用酒店人力、资金等资源，将酒店企业文化引入校园，聘请酒店骨干承担相关课程的授课，等等。

在加强校内外实训基地建设的同时，还要注意实训基地的内涵建设。首先，学校可以与酒店协商，在实训基地建立"产业学院"，统一对实训基地的学生实习和酒店文化引进工作进行管理，以保证校企双方派出的实习指导教师或兼职教师有共同研讨、开发课程和办公的场所。其次，为保障工学结合的顺利开展，学校和酒店需要共同建立一套学生在酒店学习和顶岗实习的管理制度，并在实践中不断完善。另外，校企双方还要与酒店专家共同开发既适合学生实习又适合员工培训的课程,并制定课程标准、工作页(任务书)、指导教师使用手册,确定课程考核内容、形式和标准,并确定每门课程对任课教师的具体要求等。

(五)文化建设

校园文化是一种客观存在的文化类型,它产生于特定的社会群体和环境,存在于学校教育与管理之中。职业院校的校园文化是一种以就业为导向、以校园精神为底蕴,由学校师生员工共同创造和享有的群体文化,职业院校校园文化融入了更多职业特征、职业技能、职业道德、职业人文素质。职业院校为了办出自己的特色和水平,就要塑造有自己特色的优秀校园文化。

一般来说,职业院校校园文化包括物质文化、制度文化和精神文化三个层次。

第一,物质文化。它处于浅层次,主要是指构建校园的物质基础,即校园硬件设施文化,如教学楼、图书馆、运动场地、办公楼、实验实训场所、文化设施等,以及建筑内部的设备与布置。包括学校名称、校容、校貌、标志、校歌、校徽、校旗等基本要素,也包括教学仪器设备、办公用品、师生制服等应用要素,还包括师生的生活娱乐物质要素,如宿舍楼、商店、校园景致、卫生设施等。江苏联合职业技术学院镇江分院酒店管理专业办学地点位于该校南山校区,处于镇江南山风景区腹地,南山风景区是国家级森林公园、AAAA级景区,是我国历史上著名文学作品集《文选》和文学理论著作《文心雕龙》诞生的地方,是我国历史上隐士文化的圣地。南山校区校园环境与南山风景区融为一体,林木扶疏,山清水秀,鸟语花香;校园建筑为中国传统建筑样式,与校园内外风景完美结合,为学生提供了优越的校园环境。学校坚持"校园是学生成长的生命乐园"的理念,结合酒店行业要求,在学生广泛参与的基础上,设计了酒店管理专业学生春秋、夏、冬专业服装,规定学生在校期间着专业服装,仪容仪表符合酒店员工要求。教室内布置酒店服务物品,张贴体现酒店发展历史、世界著名酒店品牌、酒店名人等宣传画,教室书柜放置酒店相关书籍。这一切都让学生沉浸在酒店行业氛围中,对其酒店职业素养等养成起到积极作用。

第二,制度文化。它处于中间层次,主要包括领导机制、组织机构、人际关系、规章制度、作风纪律等;教学上有教学计划、教学大纲、考勤考核制度、教师职称评聘制度；人事管理、财务管理、教学管理、后勤管理、行政管理等规章制度；学生日常行为规范，教师行为规范等。在江苏联合职业技术学院镇江分院，酒店管理专业执行着学校的各项制度文化，但也以自己鲜明的特色，影响着学校制度文化。学校实行的学生值周制度，就来源于酒店管理专业。酒店管理专业根据行业特点，结合学生自主管理要求，轮流组织班级进行宾馆化值周工作，学生分配到校园各个岗位，包括校门迎宾、礼仪检查、校园巡视、卫生打扫等。值周活动超越了传统意义上的劳动教育，增添了礼仪教育、岗位能力养成教育内涵。对学生进出教师办公室、途中遇到教师、面对校外人员等场合时的礼仪都有明确的、制度化的规定。值周制度不仅被推广到全校，还在镇江市全市职校推广，并且学校专业课教师受邀成为江苏省职业院校班主任网络培训课程的主讲教师，在省级层面宣传学校的值周工作。

第三，精神文化。它处于深层次，指在长期的教育实践中积淀的、逐步形成的、全体师生员工都能够认同的一种群体意识和精神氛围。这是职业院校校园文化建设的核心工程，包括办学理念、学校精神、校训、校风、教风、学风、校徽、校歌等，是师生员工经过长期努力积淀而成的相对稳定的理想、信念、道德、情操与追求的表现。江苏联合职业技术学院镇江分院酒店管理专业秉承"合适的教育，尽心的服务"办学理念；"服务于学生的现实发展，服务于学生的持续发展，服务于学生的幸福生活"办学宗旨；"自信乐观、'智''能'精湛、好学儒雅、敢为人先"学生素质发展目标，将"宜庄、宜静、宜和"的系训内化为一届届酒店学子的精神特质，营造一种积极和谐的教育氛围，陶冶学生的情操，从而对学生行为的养成起到一种潜移默化的教育作用。这样的氛围能让学生在校园文化、专业文化的大磁场中，产生一种凝聚力，在不知不觉中受其熏陶、感染和鞭策，从而树立正确的人生目标，培养严谨刻苦的学风，对未来的酒店工作有积极的促进作用。

职业院校的校园文化建设，应遵循以下原则：第一，整体性原则。将职业素养养成教育资源纳入学校整体规划，整体设计，使校园的任何一个风景点、班级的任何一个角落都以较为完美的姿态出现的学生面前，成为会说话的"教育者"。第二，层次性原则。职业素养养成教育资源建设要体现一定的层次性，从外在形式到内在的教育意义，分批分层建设，逐步完善、深入。组织活动要强调"知"与"行"统一，让学生既能在比较自觉、积极、主动的心态下参与活动，又能把活动规则和教育目的内化为行为准则，持之以恒，转化为一种比较稳定的品质修养和行为动力。

在全程工学交替人才培养模式下，学校要重视企业文化进校园工作，校企合作教师团队建设就是体现企业文化思想的举措，企业教师加入专业技能课程团队，能够将企业工作标准、酒店品牌文化带给学生；企业专家参与实施性人才培养方案的制订、修订工作，使方案更好对接行业要求和标准；企业教师参与专业课程开发，使课程能充分体现岗位工作标准，有利于开发基于岗位工作序列的模块化课程，实施任务引领的项目化教学；校企合作进行实训基地建设，更能够体现实训基地的实景性、适用性、有效性；除此之外，企业的员工管理制度、企业的环境布置都可以被职业院校借鉴。在江苏联合职业技术学院镇江分院，学校邀请喜来登、皇冠假日等国际品牌酒店骨干员工来校为学生传授服务技能，这些骨干员工往往还是学生在企业的指导老师；定期邀请企业领导来校开设讲座，为学生点燃职业激情；利用五月歌会、元旦文艺汇演契机，邀请合作企业参加，每次邀请一家企业作为代表展示其企业文化，并带来企业的节目，为学生营造职场氛围；在实训基地建设过程中，多次邀请企业专家来校"把脉"，研讨建设方案，使实训基地环境与企业工作环境高度契合，受到专家好评，更受到学生欢迎。

职业院校文化建设需要借鉴企业文化，提高校园文化建设的价值，打造学校和专业的品牌形象，增强专业服务意识，树立经营专业理念；塑造学生良好职业素质，增强社会适应能力，培养创新能力，有利于学生成长、就业和创业。

第四节　全程工学交替人才培养模式与 1+X证书制度和学分银行制度

全程工学交替人才培养模式背景下的学业评价应与1+X证书制度和学分银行制度紧密结合，体现职教改革创新的成果。近两年，中国职业教育领域最具影响力的事情就是《国家职业教育改革实施方案》的颁布，而伴随着《国家职业教育改革实施方案》的颁布，1+X证书制度和学分银行制度也应运而生，它们是中国职业教育多年办学经验的必然"质变"，也是职业教育在新时期改革创新的成果，必将彻底改变职业教育的办学形态,真正树立职业教育作为一种类型教育的形象。

学分银行制度是一种模拟或借鉴银行的模式,使学生能够根据个人实际情况,自由选择学习方式和学习时间的一种学业管理制度。它突破了传统的专业限制和学习时段限制,将各类教育、学习相结合,无论是正规教育(学历教育等)获得的学分,还是非正规学习(培训机构等)、非正式学习(工作经验等)得到的学习成果,都可按一定标准认定和转化成学分,存储在"学分银行"。学分积累到一定程度,就可兑换学位或资格证书,为社会所认可。它的实施需要构建多层次的"立交桥",真正实现统一的职业教育学分标准。

1+X 证书制度是一个多维度、多元化、发展性的概念,反映了社会、市场、企业和学生个人发展需求的满足与扩张的演变。从制度本身来看,在深化"放管服"改革,推进政府职能转变的背景下,1+X 证书制度以社会化运作方式促进学习者满足人才市场对技术技能人才的需求;从教育领域来看,1+X 证书制度的实施,不仅将推动职业院校开展复合型技术技能人才培养培训模式改革,还将带来复合型技术技能人才在校学习经历的过程性评价与技术技能的终结性评价相结合的教育评价制度改革;从人才供给领域来看,1+X 证书传递了求职者的职业能力信号,用人单位根据这种职业能力信号筛选适合不同岗位的劳动者,所以说,1+X 证书制度其实也是一项就业筛选机制。综上所述,1+X 证书不是学历证书与若干职业技能等级证书的简单机械相加,而是职业教育学习过程与具体职业工作实践活动的有机融合,是学生就业能力、工作能力、创新创业能力等多元化能力习得的过程。

全程工学交替人才培养模式是实践酒店专业 1+X 证书制度和学分银行制度的适合平台,因为它们之间有着科学的逻辑关系。截至 2020 年年底,教育部公布的前四批 1+X 证书制度试点专业中,已有酒店收益管理、酒店运营管理、现代酒店服务质量管理、前厅运营管理、餐饮服务管理、葡萄酒推介与侍酒服务、餐饮管理运营等 7 个职业技能等级证书,这必将有力推进酒店专业学生职业能力培养工作。

(一)重构新时代职业教育"工学结合"的学习生态

实施 1+X 证书制度是推进职业院校教育教学改革的全新命题,是一项系统工程,要求重构职业教育"工学结合、知行合一"的学习生态。特别是在"互联网+"的时代背景下,信息技术与教育有机融合,需要把以专业知识储备为基础的个人化学习和以劳动力市场就业发展需求为基础的过程化学习有机结合起来,构建以数字化学习、个性化学习、过程化学习为主要特征的新时代职业教育学习生态。一是构建以多媒体技术、网络技术为依托的数字化教学体系。学习者要想在有限的时间内取得 X 个职业技能等级证书,获得多项就业技能,就需要打破原有的学习模式,构建数字化学习系统,采用线上线下灵活安排的学习方式,实现泛在学习。例如,建设数字化的教学资源库、整合,利用海量的优质网络课程资源、打造线上线下的信息化学习平台,实现优质职业教育资源的充分共享。二是打造以培养学习者可持续发展能力为中心的个性化学习系统。过去,职业教育培养的毕业生主要面对的是某类职业岗位或岗位群,不少学校为了提高学生的就业率,人才培养讲究"宽口径、厚基础",没有体现现代社会分工越来越细的特点。新时代的职业性学习系统更应遵循教育发展规律和产业发展规律,强调以企业的岗位需求为基础,注重以学生个体发展需求为中心,构建以学生为本的能力结构系统。因此,推行 1+X 证书制度,就需要以学习者为中心,构建多层次、多模块、多类型的 X 证书体系,构建适应学习者可持续发展需要的学习生态,满足学习者取得多种就业本领的需要。三是构建面向职业岗位的过程化学习系统。职业教育是与生产结合最紧密的教育类型,缓解我国就业结构性矛盾,职业教育必须遵循产业更新迭代发展的规律,形成与产业转型升级良性互动。因此,职业教育的教学过程和学习过程必须与行业企业的工作过程和生产过程紧密结合。职业院校在建设实践教学条件时,要以产业生产一线的工作现场为蓝本,按企业生产流程,营造与真实生产情境相吻合的教学现场,实现"教学做"合一。

据此,酒店管理专业实行全程工学交替人才培养模式,应进一步强化实景教学意识,必须充分认识酒店管理专业与其他专业的不同。酒店工作岗位具有一般职业的特点,需要动手动脑,但它也具有自己独有的特点,如工作和休息时间与其他行业工作人员颠倒,岗位技能操作往往需要员工独立执行,岗位技能操作序列化表现不明显,与客人的需要有很大关系,具有较强的个性化。这些岗位特质要求酒店管理专业学生在实际工作中积累经验,形成自己的工作认知和经验,只有这样才能胜任今后的工作任务。

（二）培养复合型技术技能人才的综合职业能力

《国家职业教育改革实施方案》提出建立1+X证书制度，构建国家资历框架体系，目的在于改革职业教育人才培养模式，培养复合型技术技能人才，提高职业教育学生就业能力，最终缓解我国就业结构性矛盾。培养德技并修、知行合一的高素质技术技能人才，是新时代职业教育的初心与使命。当前，由于受办学条件、经费投入等多方面影响，职业院校学生的知识积累和技术技能习得与新经济、新产业、新业态的要求还不相适应。如何提高职业院校学生综合职业能力，促进学生从阶段化、终结性的受教育过程向终身受教育和持续学习转变，培养学生可持续发展的职业能力，是职业院校当前及今后一段时间改革探索的重点。职业教育是连接教育和职业的中介，不仅应提升学生在有限时间段内丰富知识储备和习得多种技能的学习能力，还要使学生个体习得进入就业市场所应具备的生存能力和多种技术技能，特别是要让学生将在校期间知识技能的获得能力，转化为就业资本和职业发展所需的适应能力和终身学习能力。实施1+X证书制度，就是要推动职业院校加快教育教学改革步伐，紧跟行业企业快速变化对技术技能人才综合职业能力的需求，重构与职业技能等级证书相融合的课程体系，不仅培养学生的核心能力，如学会学习的能力、系统思考的能力、人际交往能力等，还培养学生面向企业工作岗位群的实践能力，以及应变能力、创新创业能力等可迁移就业能力，提高人才培养的针对性、适应性和灵活性。

据此，酒店管理专业实行全程工学交替人才培养模式，应进一步突出酒店企业办学主体地位，通过工学结合，学生定期进入企业按计划学习，在实践中习得专业技能，尤其是对人服务的"隐性知识"，让学生在对客服务中掌握专业技能。

学习者的就业本领是衡量1+X证书制度实际效用的直接证明。通过积极努力，获取多个职业技能等级证书是职业院校学生增强就业竞争力、提升创业本领的重要手段。对于职业院校而言，仅有学生考证投入的意愿而没有职业院校人才培养培训模式的变革探索，尚不足以实现推行职业教育1+X证书制度的目的。1+X证书制度不仅是学历证书与职业技能等级证书的互通衔接，更是专业课程内容与职业技能培训内容的有机融合，更是复合型技术技能人才培养培训模式改革的大胆探索与创新。因此，1+X证书制度要求职业院校改变过去参照普通教育的办学模式，实行行业、企业和社会各方共同参与,体现鲜明的职业教育特色的类型教育模式。

一是坚持课程标准对接职业标准。深化职业教育课程内容改革,把行业企业的标准、工艺、流程等引入职业教育教学领域。行业企业深度参与职业教育教学,共同开发人才培养方案与课程体系,将职业标准相关能力要求有机融入课程内容的设计与实施,科学安排教学组织,提升人才培养的针对性和适应性,促进书证融通,使学生"一专多能"。

二是坚持教学过程与生产过程对接。按照知行合一的原则和从易到难、从简单到复杂的技术技能人才成长规律,结合行业企业职业岗位任职能力要求,加强实践教学,改善实践教学条件,通过引进有行业企业工作经验的能工巧匠,加强"双师型"教师队伍建设,采取分层教学、项目教学、案例教学等,加大实践教学力度,精减理论课时,推动教学过程与生产过程对接,培养符合行业企业岗位任职能力要求的通用型人才。

三是坚持学历教育与职业培训相结合。开发既适合职业院校在校学生学习,同时又能满足企业员工等社会学习者需要的职业技能等级标准课程体系与课程模块,将各类职业技能等级考试考核的内容融入专业人才培养方案和课程体系,供职业院校在校学生学习,同时兼顾社会学习者提高技能等级的需要。

四是推进学历证书和职业技能等级证书学习成果互认。建立学分银行,推行弹性学制与学分制,加快建设与学分银行相配套的职业院校毕业标准体系,实现职业院校在校学生学历教育与社会学习者职业技能等级证书学习成果院校互认,学分跨校积累与转换,畅通技术技能人才成长成才通道,为职业院校学生和社会学习者的职业生涯发展奠定坚实的基础,实现职业教育与终身教育的对接。

所以,1+X证书制度和学分银行制度体现了职业教育"产教融合、校企合作"的办学特色,是职业教育作为"类型教育"的体现。这两项制度的落地,证明了酒店管理专业实施全程工学交替人才培养模式的必要性,也有利于酒店管理专业全程工学交替人才培养模式的实施和完善。

第五章 全程工学交替人才培养模式中的课程建设

在全程工学交替人才培养模式视域中，酒店管理专业课程建设要以酒店职业岗位群能力标准划分学习领域，探索将职业实践贯穿于整个教学过程的课程改革思路，开发以项目课程为主题的模块化专业课程体系。根据不同岗位群的能力要求特点，采用多元化的路径进行项目课程设计。江苏联合职业技术学院镇江分院酒店管理专业校企合作教师团队精心设计教学活动，利用校企两个学习场所，针对不同性质的工作任务采用不同的活动形式和教学方式，建立多元化的评价体系，强调工作过程评价与工作结果评价相结合，教师、团队、个人三方评价相结合，校内评价与校外评价相结合。经过多年教改实践，建立了较为成熟的课程体系，开发了"餐饮服务与管理""客房服务与管理""前厅服务与管理""茶艺""调酒""咖啡制作"等项目课程，取得了一系列创新性成果。

第一节 课程开发的基本思路

第一，以能力为本位，以职业实践为主线，以酒店职业岗位群就业人员能力标准划分学习领域，探索将职业实践贯穿于整个教学过程的课程改革思路，开发以项目课程为主体的模块化专业课程结构体系。

第二，打破传统的以理论教学为主的课程设置思路和模式，从现代酒店餐饮、客房、前厅服务与经营管理的实际情况和工作任务分析入手，通过典型工作任务的引领形成项目课程和项目模块，构建新的课程结构，突显职业教育的专业性和应用性。

第三，紧紧围绕工作任务完成的需要来选择和组织课程内容，突出工作任务与知识的联系，增强课程内容与职业岗位能力要求的相关性，并嵌入国家职业资格标准和行业标准，使学习者在职业实践活动和多元化教学活动的基础上掌握技能和知识，塑造职业形象，提高职业素养。

第四，遵循职业教育对象的学习特点、认知及职业能力形成的规律，课程内容（学习项目）由浅入深，从易到难，循序渐进；先实践、后理论，先行后知，知行合一。

第五，以生为本，改革传统的以知识传授为主的教学思路和方法。利用学生的整个学习阶段，在校内和校外合作酒店两个学习场所，以职业行为为导向，采用任务驱动教学法，使学生在典型任务驱动下开展学习活动，引导学生由简到繁、由易到难、循序渐进地完成一系列任务，培养学生分析问题、解决问题的能力及综合运用能力，从而让学生形成属于自己的知识和技能体系。

第六，在项目课程实施过程中，充分考虑和体现职业化的诉求，注重细节管理，注重职业习惯的养成，建立"工作日志"项目。"工作日志"分为班级日志（阶段性总结）、项目小组日志（小组工作总结）、个人日志（个人工作描述）和教师日志（项目课程实施过程体现），将各层次工作日志作为项目课程实施考核的重要依据。

第七，项目课程的设计和实施，充分考虑和体现对学生进行情商培养的诉求，提高学生的心理素质，增强学生的耐挫能力，培养学生的团队合作精神，加强其创业教育和角色转换意识，促进学生顺利就业。

第八，学习目标表述精确，学习程度主要使用"了解""理解""能"等用语来表述。"了解"用于表述事实性知识的学习程度，"理解"用于表述原理性知识的学习程度，"能"用于表述技能的学习程度。

第二节　课程设计的基本方法

第一，进行人才需求调研，建立岗位工作任务分析表。课程改革之初，对不同星级、不同类型的酒店进行广泛调研，分析研究酒店业人才需求情况和职业岗位群的能力要求，获得大量的第一手资料。与行业专家共同进行岗位工作任务分析和职业能力描述，形成岗位工作任务分析表，确定高职院校酒店管理专业的专业定位、培养目标和能力结构。

第二，根据不同职业岗位群的能力要求，选择多元化的课程设计路径，酒店各岗位工作任务具有一定的差异性，因此项目课程设计不能千篇一律，应根据不同岗位群的能力要求，采用多元化的课程设计路径。例如，"餐饮服务与管理"以学生职业生涯发展为设计路径，根据服务岗位员工的职业生涯发展规律，递进式地整合学习知识和技能技巧，重点围绕学生的基本服务技能、服务技巧、运营管理能力及自主创业知识和技能的培养（表4-1）。"前厅服务与管理"以对客服务流程为路径，通过不同工作任务的完成，构成完整的知识和技能体系，侧重培养学生前厅接待服务技能和灵活应变能力（表4-2）。"客房服务与管理"则以客房部的工作任务为路径设计项目课程内容，重点培养学生的专业技能和技巧（表4-3）。不同项目课程采用不同路径设计，形成了各具特色的课程标准。

表 4-1　"餐饮服务与管理"项目课程设计路径（模拟职业生涯发展）

能力阶段	岗位角色	学习内容
主题餐饮策划	自主创业	
筹划与经营	部门经理	缤纷世界 潇洒购物 了如指掌 运筹帷幄
运营与督导	领班与主管	走马上任 按部就班 我随客便
进阶与拓展	资深员工	中国传统节日 里兹的餐桌 盛大庆典
入门与入职	新入职员工	角色与表演 中国情缘 西域风情

表 4-2 "前厅服务与管理"项目课程内容

项目名称	项目主题（工作领域）
相约 （客房预订服务）	1. 预订受理服务；2. 预订管理
相识 （入住接待服务）	1. 迎接服务；2. 入住登记服务
相知 （住店日常服务）	1. 问讯服务；2. 总机服务；3. 商务代办服务；4. 常见问题处理
相别 （宾客离店服务）	1. 结账服务；2. 送别服务
相系 （良好客户关系的建立）	1. 客史档案的建立；2. 客户关系的维护

表 4-3 "客房服务与管理"项目课程内容

项目名称	项目主题（工作领域）
快乐服务员 （客房清理打扫）	1. 客房日常清扫整理；2. 客房计划卫生
友好的管家 （客房对客服务）	1. 客房常规服务；2. 客房个性化服务；3. 特殊情况的处理
酒店"美容师" （公共区域服务）	1. 前台区域清洁保养；2. 后台区域清洁；3. 室外区域清洁；4. 常见问题处理
洗涤专家 （布草房和洗衣房运行）	1. 布草房的运行；2. 洗衣房的运行
我是一个好当家 （客房督导管理）	1. 劳动力安排和控制；2. 客房服务质量控制；3. 客房设备用品管理；4. 客房安全管理

第三，分析并提取典型工作任务，形成项目课程模块，项目课程内容的载体是工作任务，形成工作手册式教材（表 4-4）或任务活页式教材（表 4-5）。工作任务是项目课程的核心要素，工作任务分析是项目课程设计的重要环节。将酒店餐饮、客房、前厅等岗位不同工作领域的实际工作

任务引入教学中,并进行整合,归纳典型的、项目式的工作任务(模块),形成项目课程,使项目课程的实施能覆盖实际的工作任务,并对项目进行适度包装,以增强课程的吸引力。

表4-4 工作手册式教材案例:如何呈递菜单

步骤 Steps	内容 Content	标准 Standards
1. 客人要求结账 Guests ask for the check	应说什么? What to say? 如何知道客人的需要? How do you know guest wants something? 应当注意什么? What to make sure?	夫人/先生,我能帮您什么吗 may I help you, Madam / Sir 客人将会有一些暗示 Guests will give signs 保证认真为客人服务,做到随时都能满足客人的要求 Make sure you always pay attention to guests in order to see whenever a guest needs help
2. 请收银员将客人的账单打印出来 Ask cashier to print the bill	做什么? What to do?	将客人的账单与客人的点单核对一下;检查桌号是否正确 Check the bill with the captain order. Check if the table number is all right
3. 将账单放在账夹中 Insert the check in the folder	应当确定什么? What to ensure?	账单是正面朝上的;无破损,别忘在账夹中再放一支酒店的笔 That check is facing upright in a clean folder with pen, Clean not torn, Do not forget enclose a company pen
4. 将账单呈递给客人 Present the check to guests	怎样做? Which way? 应说什么? What to say?	如有可能,将账夹从右边呈递给客人;不要让客人等太长时间 From the guest right (if possible). Do not let the guest wait too long 打搅了,夫人/先生,这是您的账单,非常感谢,祝您用餐愉快 Exeuse me, Madam / Sir. Your check, thank you very much. I hope you enjoyed your drink / meal

表 4-5　任务活页式教材案例：客人电话交流

客人电话交流 GUEST TELEPHONE COMMUNICATION

目的：使所有客人感受到有礼貌的、快捷的、现代化的沟通。所有的员工，在通过电话与客人沟通时必须遵守以下最低标准：

Purpose：All Guests experience polite, efficient and modern communications.

All Team Members having telephone contact with guests must perform. the following minimum behaviours upon each telephone contact：

5.10.1　提供合适的问候语。 Offer an appropriate greeting.						
5.10.2　（在接听外部电话时）要说清楚酒店名称，(在接听内部电语时)要说清楚你的名字。外部电话,例如:感谢您致电×××(酒店的名字)。内部电话,例如:早晨/晚上好,这是(员工姓名)。 Identify either the Hotel（in the case of external calls）or yourself by first name（in the event of internal calls）. External calls, for example：Thank you for calling the ×××（Hotel's name'）Internal call, for example：Good Morning/Evening, this is(Team Member name').						
5.10.3　提供帮助。Offer assistance						
5.10.4　恰当的时候必须在电话交谈当中称呼客人姓名。 Whenever possible, use the guests name during a telephone conversation						
5.10.5　当需要客人持机等候时,事先征求对方的同意并等候回复。 Before placing a caller on hold, ask for permission to do so and wait for a response.						
5.10.6　当有客人持机等候时,需每隔30秒就与客人联系一次,询问客人是继续等候、留言,还是要求对方回电。 If calls are placed on hold, contact must be made every thirty seconds offering the caller the choice of remaining on hold, leaving a message or receiving a call back						

续表

5.10.7 在接通客人的语音信箱前必须获得致电者的同意；或语音信箱内应有可以将留言转至总机的选择。 Callers must never be connected to voice mail unless and until they have agreed. All voice mail messages must include an option to return to the operator.						
5.10.8 将电话转接到另一部门前,应告知客人他们即将接通的对象,并确保他们的电话不被监听干扰。 Callers who are transferred to a different department must be advised who they are being connected to calls must not be screened.						
5.10.9 客人叫醒服务,在客人所指定时间的前两分钟内拨打电话给客人。 Wake up calls must occur within two minutes of the promised time.						
5.10.10 电话接线员应对语音信箱设备、连接调制解调器、长途电话服务、传真设备和其他通信设备有详尽的认知,并能立即提供有效信息。 Telephone operators must have detailed knowledge about voicemail equipment, modem connections, long distance services, fax equipment and all othercommunications requirements and must provide helpful information immediately.						
5.10.11 在十分钟内打开留言灯通知客人有留言、传真或者包裹,如果没有留言灯提示,也应确保留言或传真在十分钟之内递送到他们客房。 Guests receiving messages, faxes Or packages must be notifiedwithin ten minutes by illuminatingthe message light or, if no light function exists physically delivering the message or fax.						
5.10.12 绝不泄露客人姓名及房号,包括内部的分支酒店。 Guestnames or room numbers must never be given out, not even to Affiliated Hotels.						

第四,描述职业能力,明确教学目标,在广泛进行酒店实地调研的基础上,认真分析酒店餐饮、客房和前厅等职业岗位的要求,进行职业能

力的分析和描述，使项目课程教学内容与职业能力需求完全对接。以"客房服务与管理"项目课程中"客房日常清扫整理"项目为例，对职业能力的描述为：能安排客房清扫顺序，能布置房务工作车，能备齐清洁剂和清洁器具，能清扫整理走客房，能清扫整理住客房，能整理空房，能进行客房小整理，能处理常见问题，能安排宿舍清扫整理工作。

第三节　建立模块化课程体系

职业院校酒店管理专业的人才培养目标主要是培养具有实用性技能、具备从事酒店行业所必备的知识和能力的高素质技术技能人才。课程建设与开发是实现人才培养目标的关键。学校酒店管理专业根据职业岗位需求的能力模块，以行业规范为标准，以企业要求为主要内容，校企合作，开发、设计和整合课程，建设具有"产教融合、工学结合"特色的课程体系。

从酒店岗位工作任务和学生成长规律出发，将酒店管理专业一级能力划分为基本素质模块、酒店管理能力模块、酒店服务综合技能模块和职业综合素质模块。在这四大能力模块中，专业核心能力主要体现在前厅服务与管理模块、客房服务与管理模块、餐饮服务与管理模块、酒店运营与管理模块、酒店营销与策划模块和酒店人力资源管理模块。这六个模块是对一级能力模块中的酒店管理能力模块和酒店服务综合技能模块中的核心能力进行整合，被称为酒店管理专业二级能力模块。这六个模块也是酒店管理专业的核心课程。课程体系是根据工作任务开发的，适合过程知识学习，能培养学生的学习能力、职业适应能力、问题解决能力、职业创新能力。（图5-1）

核心能力的整合必然促进核心课程的整合，学校通过课程与能力模块的匹配，将理论学习、技能操作和企业顶岗实习融为一体。以"餐饮服务与管理"课程为例，围绕工作任务目标，以行动过程为导向，将实践工作中的进入餐饮部、餐饮入门基本功、散客业务、宴会业务、酒水业务、客户管理、成本核算、原材料管理、厨房管理这些餐饮服务技能与管理能力作为项目驱动，采用"三段式技能训练"教学模式，将课程的知识点融入真实情景和虚拟任务的各个实训环节中，形成课程的各个单元，从而通过单元模块理论和实践来支撑课程的框架。（图5-2）

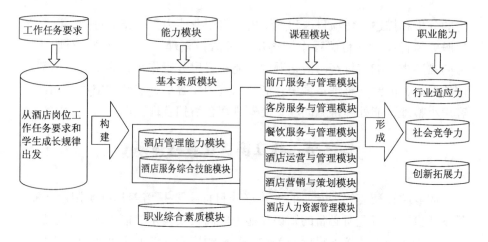

图 5-1　酒店管理专业课程体系

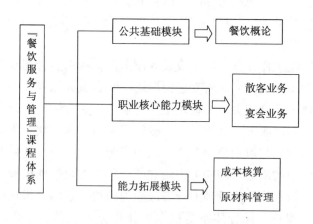

图 5-2　"餐饮服务与管理"课程体系

第四节　课程开发过程

由酒店管理专业带头人、骨干教师、行业专家、酒店管理人员组成课程团队，研究、讨论、确定课程特点，并根据人才培养目标和酒店实际需要进行课程开发与设计，充分体现职业性、实践性与开放性的课程设计理念。课程组提出以行业需求为起点，以典型工作任务为依据，以工作过程为导向，以真实工作项目为载体，以岗位能力为目标，以校企合作开发为纽带，让校内教师和企业兼职教师组成校企合作教师团队，以与行业企业

共建教学环境为条件，以行动导向组织教学的课程设计理念。（图 5-3）

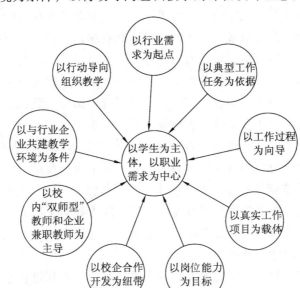

图 5-3　课程设计理念

在这一理念的指导下，教师紧紧围绕课程内容，从技能入手，循序渐进地导入酒店管理相关知识，并结合各大知名酒店的案例培养学生，使之不仅具有丰富的专业知识和娴熟的专业技能，而且具有实战型的管理能力。注重课程的知识性、实践性和适应性，体现现代教育以人为本的理念。

根据岗位职业能力的要求，依据专业培养目标，课程设计以工作过程为导向，以各个操作项目为载体，课程整体教学模式充分体现学生为主、老师为辅的现代教学理念，构建职业能力阶梯培养的模块化过程。课程教学模式突出实用性、自主性、发展性、综合性、开放性和评价性，设计的学习情境和学习工作任务中有明确的凝练于真实过程的教学案例，注重"真枪实弹"式的演练，强调"教、学、做、用"的有机统一。在教学实施过程中，充分利用现有的教学设备和资源，实现课堂、酒店、实训场地一体化，说课、演示、实践教学一体化。使学生在完成工作任务的实践过程中，打破对未来职业的不确定感和畏惧感，明确未来的职业内涵与需求，理解和掌握酒店业的知识和技能，体验创新的艰辛和乐趣，培养分析问题和解决问题的能力及团队合作精神。

从行业和企业对人才的实际需求出发，以对职业岗位群的工作分析为依据，通过循序渐进的教学与实训，培养既有理论知识，又有操作技能和实际工作能力，能满足高星级酒店业务需要的高级技术型人才。

第一学年第一学期以职业素质平台课为主，重点教授学生酒店行业基础知识，在课堂中借助信息化实训平台进行模拟岗位实践，结合企业参观等形式，引领学生初步了解酒店行业，帮助学生初步掌握酒店管理的基本知识和基础理论，了解酒店运行的规律。第二学期以职业技能培养为主，让学生进入位于校内的对外经营酒店体验实际工作。在第一学期教学的基础上加强实操技能的教学，由浅入深，不断增加难度，帮助学生掌握知识、技能，同时提高学生的思维能力、理解能力和动手能力。每月邀请合作企业的一名管理人员开设讲座，校企共同辅导学生端正职业态度，共同指导学生进行职业生涯规划。

第二学年以职业开拓发展课学习为主。第一学期开设企业讲堂、第二课堂，使学生感受企业文化；在校园内具有对外经营资质的酒店进行专业实践课教学，贴近行业标准，在课程设计和教授方法上均采用螺旋递进的方式，使授课内容深入浅出，通俗易懂，循环反复，便于学生掌握。第二学期开展酒店技能比赛、创业实践和社会实践等专业素养教学活动，通过这些专业活动的螺旋递进式训练，帮助学生全面提升自身理论、技能、素养和管理能力。

第三学年以职业技能实践为主，第一学期安排学生在企业实践7周（第二学期增加到8周），体验对客服务的流程和规范，由校企合作教师团队负责专业教学及酒店服务实务。

第四学年仍以职业技能实践为主，将班级分为两个小组，轮流进入企业工作，每两个月轮换一次，由企业教师教授酒店业综合实务课程。

第五学年第一学期由专业教师带队进入合作企业进行岗位实践和毕业顶岗实习，由企业教师具体指导，实现理论与实践的有效对接。第二学期在部门经理指导下，体验领班岗位工作，完成毕业设计。

将工学交替模式贯穿全程，充分发挥课堂与企业两个学习场所的作用，相互渗透，共同育人。把学习的内容转变成工作的过程，让学生获得"工作过程知识"，而不仅仅是操作技能，并在完成各个设定的工作任务的过程中培养、锻炼学生的综合职业能力，使其能够胜任未来的

工作。（图 5-4）

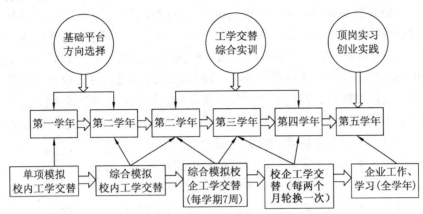

图 5-4　全程工学交替人才培养模式架构图

第五节　课程实施的策略

（一）改革教学方法

教学方法改革是酒店管理专业课程建设的难点，教学方式创新能够增强学生自主学习的能力、独立分析解决问题的能力，提高学生创新思维能力和实际操作的能力。通过积极探索以项目式、模块化教学方式为主，辅以案例教学、角色扮演、校内模拟和校外实践等教学方法，课程开展有个人准备、小组讨论、分组演练和典型表演等多种组织形式，改变传统枯燥单一的静态课堂教学方式，增强学生对专业的感性认识和应变能力。进一步挖掘信息化教学，利用微课、慕课等现代教学手段，引入教学系统软件，把实际业务操作环节搬到课堂上。在教学过程中，将理论与实践相结合，强调培养学生的实践技能和动手能力，同时锻炼学生分析实际问题、解决实际问题的能力，使学生从"要我学"向"我要学"转变，调动学生主动学习的积极性，使学生从中受益，改进学风。

目前，较为普遍采用的教学模式是将理论与实践一体化的实景教学与现场教学相结合。实景教学是模拟酒店真实的工作现场环境、设施设备等，再现实际工作中的服务环节和操作过程，使学生在一种接近真实工作氛围的情境下，完成一整套的工作程序。现场教学是在教学改革背景下应运而生的一种实践课程实施新模式，由教师根据具体教学任务进行精心准备、策划和组织，将课堂搬进酒店的工作现场，使学生在酒店真实营业的情境中借助教师或酒店人员的现场讲解、演示和指导，通过观察和实际操作而获得知识和经验的教学模式。像"前厅服务与管理""客房服务与管理""餐饮服务与管理"等专业课均可以借助模拟现场的实景教学或真实的现场教学，让学生去观察，使学生获得直观的感受，在聆听教师或酒店人员的现场讲解后，通过亲手操作，提高自己运用理论发现问题、分析问题和解决问题的能力。实景教学和现场教学相结合的模式是培养学生综合能力、提高学生服务技能和服务意识的必要手段。

全程工学交替人才培养模式下的校内课堂教学，要改变传统的教学方法，由教学生知识转变为教学生如何学习，从单纯的填鸭式教学转变为启发式教学，采用项目教学法、参观演示法、案例分析法、讨论法、实地考察法、课题式教学法、实战教学法等多种方法，同时兼顾双语教学的推进，不断与国际接轨。另外，要大力推广现代教学技术手段，在教学过程中尽量运用先进的教学设施设备和电教媒体，将教学视频、摄像机、电视、电脑、酒店应用软件系统等多媒体和信息技术运用到课堂教学中，这样可以把更多的教学内容，以动态、直观的效果和形式展现给学生，避免了纯理论教学的枯燥、乏味，能提高学生的学习积极性，让学生更快、更好地接受知识的学习，以提高教学效率、教学质量和教学水平。这些多样化的教学方法，能提高学生对酒店行业的感性认识，为学生进入企业实践打下基础。此外，这种信息化的教学方法，对进入企业实践学习的学生来说意义重大，能够通过在线授课、平台网络交互、资源访问等形式提高泛在学习质量，确保人才培养方案实施的完整性。

（二）校企合作编写具有"工学结合"特色的校本教材

为进一步加强教学环节的建设，学校以酒店各工作岗位的具体要求为基础，重构课程教学内容，编写具有"工学结合"特色的专业课程教材。成立教材建设委员会，成员包括行业专家、企业中高层管理人员和专业教师，在对职业岗位进行充分调查与研讨的基础上，结合人才培养方案，按照职业能力和素质要求，制定教材大纲，合作编写具有鲜明"产教融合"特色的教材并制作课件。充分利用酒店资源，如"前厅服务与管理"课程，借助酒店前台操作系统进行教学，实现理论与实操的无缝衔接。再如，"餐饮服务与管理"课程，依托酒店餐饮部真实的工作场景，把教学过程融入工作过程，培养专业操作能力。

（三）专业能力培养与道德修养提升相结合

2019 年国务院印发的《国家职业教育改革实施方案》中提出要培养德技并修的人才。换句话说，就是在人才培养过程中，不仅要培养学生的专业能力，还要提升他们的道德修养。课堂教学应充分体现"教书"与"育人"的高度融合，教师是学生道德修养的实施者，在实施专业能力培养与道德修养提升相结合的教学过程中，把"专业教育""校友讲座""参观企业""与员工交流""企业人员讲座""顶岗心得交流""课外实践"等内容编入道德修养教育的教学计划中，把"人际交往""学习态度""服务理念培养""建立诚信""团队合作""责任心""工作态度"等融入专业教学中，使道德修养教育贯穿教学全过程。同时，要加强对企业兼职教师"教书育人"精神的培养。最终实现教师全员参与、教学全程贯穿、校企深度合作的道德教育模式，使学生的综合素质得到全面提高。

（四）精心设计教学活动

项目课程是基于工作过程的课程模式，任务设计的质量直接影响到教学效果。教师需要精心设计每一个工作任务（模块），组织每一次教学活动，不同项目、不同性质的工作任务活动形式应多样化，教学方式应丰富化。如"中餐宴会服务"项目课程是"餐饮服务与管理"课程体系中的重点之一，对技术性、文化性、艺术性、体验性等的要求都比较高，可采用主题设计的方式组织教学活动，以"中国传统节日"为中心展开，将中餐宴会服务和台面设计等一系列工作任务融入中国传统节庆民俗文化的场景中，从而使学生得到较为形象和深刻的感知，使学生在完成工作任务的同时，提高实践设计能力，领悟知识点，并融会贯通，提高综合运用能力。

（五）企业顶岗实习与毕业综合实践报告相结合

在企业进行毕业顶岗实习的酒店管理专业学生，应如何有效地进行毕业设计，如何使毕业论文的撰写与顶岗实习紧密结合一直是专业教学改革的重要问题。因此，学校对毕业设计模式进行改革，纯理论性的毕业论文改为与实习岗位、实习内容紧密结合的毕业综合实践报告，由学校专业教师和学校聘请的企业中高层管理人员担任学生毕业综合实践报告指导教师，校企双方共同审核学生毕业综合实践报告，组织学生答辩并评定其成绩。

第六节　建立在多元评价基础上的质量管理

学生学业评价是对学生在整个学习过程中的个人表现进行综合测评的一种科学评价方式，能够充分反映学生的真实能力和不足，从而方便教师有针对性地对教学内容和方式进行优化。同时，学生自身也可以通过学校的教学考评体系来明确自身下一步的学习目标。

在全程工学交替人才培养模式下，酒店管理专业学生的学业评价应体现"全程"中学生学业水平的递进式提高，检验工学交替的培养效果。江苏联合职业技术学院镇江分院多年来以"融入社会、服务地方""质量、特色、创新"为主题，探索人才培养模式改革的教育创新，以彰显人才培养鲜明的时代性和区域性，形成了以"精学业、高就业、善创业"为人才培养特色要求，即思想品质优秀，内外关系和谐，体现职业素养和生活情趣的"文厚"要求；能力结构清晰，技能目标明确，体现行业标准和岗位需要的"技湛"要求；市场意识强烈，创业实践经验丰富，体现竞争能力和博弈胆识的"商慧"要求。提升学生学业评价的综合性与全面性，在单一的理论、实践技术能力评价基础上，增加了学生课程学习过程评价、课堂表现评价、课程任务完成评价等。

在全程工学交替人才培养模式下，学业评价的特色更多落实在专业课程上，体现在专业能力评价上，评价的主要内容关注学生的通识能力和专业能力两方面，以职业技能、职业素质、人文素养为主线，着力提升学生实践创新能力和综合素质。

（一）评价对象的多主体化

多主体评价的真正目的是尽可能多地获取学生学习情况的相关信息。评价可以由企业指导老师、学校专业教师、学生和服务对象（客人）等多个主体共同完成。评价主体多元化，可以使评价的结果更合理、更有效。

（二）评价标准的详细化

评价标准的设定也充分考虑具体情况，例如，企业指导老师的评价，主要是针对学生在实习单位的工作能力、工作态度以及工作学习方法等做出的。如果要让企业指导老师对学生的工作能力和成效做出具体的、正确的、科学的评价，就必须事先制定学生工作岗位实践学习评价标准和学生工作岗位实践学习管理办法等，明确考核的标准和评价内容，引导企业指导老师关注学生的优点，助力学生的职业发展。

学习任务书

姓名		班级		性别	
岗位		学习时间		指导教师	
学习任务					
任务标准					
学习心得					

（三）考核方式的多样化

酒店管理专业学生的学业评价主要依据两个标准进行，即校内成功标准和校外成功标准。校内成功标准指的是：判断学生成功与否看的不是其分数，而是其专业知识水平、实际操作能力和职业素质。校外成功标准要求学生在职业领域证明自己的成功，主要指标包括专业技术水平、求职能力、职业竞争力和创业能力。相对而言，校外成功标准是主要的，校内成功标准是依据职业领域的要求制定的，是从用人单位的用人标准和评价标准转化而来的。

（四）考核内容的实景化

在实践中，学校重视合理的考试考核在学生学业评价中的积极作用，摒弃"唯考试论"思想倾向，但也不放大考试的弊端而取消它，而是合理地完善考试考核的形式，同时，创新考试评价结构体系，积极做好考试内容和考核形式的改革，促使考试的多样化发展。在酒店生产性实训基地设置的课程，其考核与评价内容包括工作业绩考核和服务过程评价。

以"餐饮服务与管理"项目课程为例，工作成果评价主要考核学生在宴会设计、台面设计、包厢氛围营造、菜单设计、服务流程制定、酒店菜品及酒水设计、成本核算等方面的能力。过程评价主要是指教师通过观察、交流等方式,考查学生的仪容仪表、工作态度、观察能力、团队协作能力、工作安全和防护意识以及卫生习惯等方面。考核与评价方式采用学生自评、组员互评、校企教师和客人评价相结合的形式,考核与评价既要契合职业要求,又要体现教学评价策略,实现课程考核与工作表现合一,考核标准与职业标准合一。

第六章
全程工学交替人才培养模式中的企业和学校

第一节　全程工学交替人才培养模式中企业的角色和作用

（一）企业应扮演重要的办学主体角色

全程工学交替人才培养模式的根基是"多元合作、双主体育人"，"双主体"指的是学校和企业，只有企业方从单纯的"用人"上升到合作"育人"，才能确保"全程"培养不流于形式。《国家职业教育改革实施方案》指出，要"深化产教融合、校企合作，育训结合，健全多元化办学格局，推动企业深度参与协同育人。""企业应当依法履行实施职业教育的义务，利用资本、技术、知识、设施、设备和管理等要素参与校企合作，促进人力资源开发。""促进产教融合校企'双元'育人……坚持知行合一、工学结合。""校企共同研究制定人才培养方案，及时将新技术、新工艺、新规范纳入教学标准和教学内容，强化学生实习实训。"简言之，企业应发挥"重要办学主体作用"，从国家顶层设计层面明确了企业在职业教育改革与发展中的重要地位。职业教育起源于生产劳动，企业参与职业教育并发挥主体作用是由职业教育的属性、特征、运行机制等决定的，同时这也是企业自身内驱力量及外部推动力量共同作用的结果。

1. 企业参与办学是经济社会发展的必然要求

作为连通职业教育体系和劳动就业体系的重要纽带，校企合作是提高技术技能人才培养质量，促进社会繁荣发展的重要举措。进入 21 世纪以来，产业结构的调整升级日趋深化，战略性新兴产业逐步重新布局，社会急需大量的高素质劳动者和高技术技能人才。然而，劳动力市场逐渐出现技术型人才严重短缺的现实问题。与此同时，职业院校的招生状况也不容乐观。企业"招工难"和职业院校"招生难"并存的尴尬局面，在某种程度上折射了我国职业教育体系和劳动就业体系沟通尚不顺畅的现状。问题的根源就在于校企合作流于形式。职业教育与实体经济之间存在着与生俱来的联系，唯有认识企业参与办学的重要性、发挥企业的办学主体作用，才能打破教育世界与工作世界的壁垒，实现教育与产业的有效互动。

2. 企业参与办学是职业教育办学的根本规律

教育部原副部长鲁昕在《职业教育，加快适应经济新常态》一文中指出："职业教育准确认识新常态、主动适应新常态、全面服务新常态，为科学技术进步和生产方式变革培养更多技术技能人才，提升我国人力资本素质。"经济新常态下，职业教育必须进一步加强与产业行业的对话，探索构建合作对接的有效机制，促进实现五个对接，即"专业与产业、职业岗位对接，专业课程内容与职业标准对接，教学过程与生产过程对接，学历证书与职业资格证书对接，职业教育与终身学习对接"。企业参与办学，既是职业教育办学应切合经济社会发展需要的内在规律要求，也是职业教育质量提升的根本诉求使然。企业参与办学的重要意义在于：一是增强职业教育办学活力，改善职业教育办学条件；二是促进学校课程开发、基地建设、专业建设等，有效提高职业教育人才培养质量；三是健全职业教育质量评估体系，促进人才培养和社会需求的统一，提升办学效益；四是促进构建现代职业教育体系，完善现代职业教育治理体系。

3. 企业参与办学是自身创新发展的内在诉求

经济新常态要求企业加快技术升级、提高经济的有机构成，人力资源在企业资源中的重要性日益突显。技术人员素质的提高直接关系到企业的整体效益。而目前存在的普遍问题是，一方面学校抱怨企业参与办学的积极性不高；另一方面企业抱怨学校培养的人才不合规格。这说明，校企合作的有效性亟待加强。校企合作符合企业培养人才的内在需求，有利于企业实施人才战略。企业与学校合作，一是可以获得"定制人才"，降低企业的职业培训成本；二是可以通过资源互补，促进技术交流和成果转化；三是通过传播企业文化，提高企业品牌的影响力，为提高产品的市场占有率打好基础。

（二）企业应发挥重要办学主体作用

全程工学交替人才培养模式正是应对校企合作不够顺畅提出的职业教育改革主张。企业应在职业教育中充当重要的办学主体角色，享有主导性的话语权，直接参与学校具体的人才培养环节，提供需要的实训实习环境，指导学生参加岗位技能培训，评估学生的学业水平，提高人才培养的质量和效益，实现合作双方的共赢。具体地说，企业在人才培养中的主要责权是：参与招生；明确企业专业人才培养规格和岗位要求；参与制订人才培养方案，对专业岗位进行工作任务分析，分解和提炼出从事具体职业岗位（群）工作所需的核心职业能力、专项能力及能力要素；参与设计课程体系，为学生提供企业实践工作机会；委派专家、技术骨干担任学生指导师傅；遵循教育规律，从教育培养的角度科学合理安排学生在企业的工作学习；参与学生学业评价，聘用达到企业标准的毕业生。

要实现学校和企业从"对话"走向"对接""合作""融合"需要一定的过程，校企双方都有责任和义务来加速这一进程。对于企业而言，一是要提高认识，积极承担社会责任，充分认识到职业教育人才培养质量与企业可持续发展的密切关系；二是要改变方式，主动积极参与人才培养的全过程。企业只有真正参与学校的人才培养，深入专业设置、课程改革、人才培养等教学一线，才能获得满意的合作成效，实现校企双赢。

第二节　全程工学交替人才培养模式中学校的角色和作用

（一）学校是校企多元合作格局中的重要一元

全程工学交替人才培养模式实践模型应呈现多元合作形式，即政府引导、行业参与、社会支持，企业和职业院校协同合作。多元合作格局下，学校将是发挥主体作用的重要一元。全程工学交替人才培养模式办学依然应坚持学校主体办学地位，发挥学校的教育优势。

1. 坚持学校的教育主体地位是落实职业教育公益性的根本要求

坚持学校教育主体地位是落实教育基本功能、保证职业教育公益性的根本要求。"国家办教育被视为体现公益性的重要方面……只有国家作为教育投资的主体，才能体现教育的公益性，才能保证教育健康发展、持续发展。"因此，要办好职业教育，首先要坚持以政府办学为主，重视职业教育立法，建立包括"行业指导、企业参与、质量监控"等在内的系列保障机制，坚持学校的教育主体地位、保证正确的育人方向，促进职业教育健康有序发展。同时应发挥政府办学的优势，强化政府在职业教育发展中的统筹地位，合理配置社会资源，促进职业教育与经济社会的对接互动，实现教育效益的最大化。

2. 坚持学校的教育主体地位是满足现代社会人才培养需求的基本路径

学校教育的公益性和普惠性是确保育人质量的关键。现代职业教育应培养高素质劳动者和技术技能人才，教育目标涵盖"道德品质""人文素养""技术技能"等方面。而企业的本质特征是重效益、重营利，侧重关注员工的岗位能力。与企业的营利性与专有性相比，学校更关注学生的全面发展和可持续发展。因此，只有坚持学校的教育主体地位，才能充分发挥学校人才培养的全面性和系统性，达到现代社会人才培养的要求。学校作为教育主体的鲜明特征应表现为关注教育质量、关注教育公平、关注教育的可持续发展；围绕"具有中国特色，具备世界水准"的职业教育发展目标，积极行动，建立与区域经济发展相适配的育人体系，不断满足家长、企业、社会对优质教育的需要。

3. 坚持学校的教育主体地位是发挥学校教育优势的内在需求

20 世纪初以来，我国职业教育已逐渐形成以学校为教育主体的职业教育范式。学校在办教育方面具有长期积淀的优势。尤其近年来，职业教育改革发展取得了显著成就，职业院校成为我国中高级技术技能人才的主要来源。学校无疑已成为技术技能人才培养的主要场所和中坚力量，适合中国国情的职业教育体系已基本形成。因此，新时代的职业院校应当因势利导，在发挥我国现有职业教育体系优势的基础上创建具有中国特色的工学交替模式。一是发挥学校在人才的系统性培养方面的优势。随着科技进步和产业调整，技术更新加快、岗位变迁不断加速、职业更换日益频繁，职业能力的内涵与外延也愈加丰富，职业教育不再仅仅聚焦于具体岗位"复合型"人才的培养，这也反映了现代化企业的人才诉求。在社会的现代化进程中，人文素养和综合能力在学生求职就业、职业迁移、终身教育等方面的重要性日益突显。相比于社会短期培训教育，学校教育具有系统性，更有利于培养复合型人才，因此必须确保学校的教育主体地位，发挥学校在教育资源方面的优势。随着国家对教育投入的增加，目前我国已建成了世界上最大规模的职业教育体系，学校具有明显的资源优势。2010

年以来，国家分三批对1 000所中等职业院校进行改革，使其为全国职业教育改革发展发挥引领示范作用，这些示范学校形成了包括培养模式改革、教学模式改革、办学模式改革、教育内容创新、教师队伍建设、内容管理创新、评价模式改革、数字校园建设等方面近1 200个典型案例，优质职业教育资源布点覆盖全国近半数城市。2020年10月，国务院职业教育工作部际联席会议9家单位联合印制《职业教育提质培优行动计划（2020—2023年）》，所谓"提质"，就是要围绕思想政治教育、"三教"改革、产教融合与校企合作、治理能力提升等重点和难点进行攻坚，提高职业教育内涵建设。所谓"培优"，就是要建设一批高水平的职业学校、专业、实训基地、教学团队，打造职业教育品牌。两者结合起来，就是要通过职业教育的高质量发展给产业增值，为学校、教师、学生赋能。与此同时，各地区也广泛开展了对职业教育项目的重点扶持工作。以江苏省为例，"十三五"期间，江苏省实施了"中等职业院校领航计划""江苏省现代化示范性职业院校""江苏省优质特色职业院校""江苏省职业院校现代化专业群""江苏省职业院校现代化实训基地""江苏省职业教育智慧校园"等项目。面对党和各级政府对职业教育的各项利好政策，基层职业学校必须抢抓机遇，深入推进产教融合，充分发挥服务地方经济社会发展的职能。

（二）学校应发挥重要办学主体作用

学校作为教育专门机构，具有长期积淀的教育优势，包括专业的师资优势、相对系统的人才培养优势、丰富的教育资源优势等。应在政府和教育部门的统筹下，以学校为主体依托学校现有教育资源，学校资源与企业资源的整合，着力完善"行校企"多边合作机制，吸收新理念、形成新模式，共同培养现代职业教育人才。

具体地说，学校在全程工学交替人才培养中的主要责权是：明确实施的专业范围和领域，结合企业要求充分认识专业发展和人才需求；明确专业人才培养规格、制订专业教学计划；开展专业课程改革，构建工作导向的全程工学交替课程体系；选聘优秀"双师型"教师担任工学交替班级教师，并在学生到企业实习期间安排教师跟岗管理；构建适合全程工学交替人才培养模式的课程评价、学生评价、教师评价等综合评价管理体系；进行学生学业考评，对优秀学生进行表彰。

在校企合作中普遍存在着"校热企冷"的现象，对于这一现象，学校不能一味抱怨，而应主动反思、寻找突破路径。一是加强自身改革力度，更新办学理念、厘清办学思路、完善管理机制，建立符合职业教育办学规律和技能型人才培养特点的管理架构。提高自身办学能力，增强职业教育吸引力。二是应转变认识，充分考虑企业的利益诉求。围绕企业的人才需求，改革人才培养模式、深化课程改革，提高学校服务社会能力。从专业、课程、教学、文化等多方面入手，提升办学品质，满足校企双方共同的利益诉求。

第三节 全程工学交替人才培养模式中的校企合作

（一）校企合作的内涵思考

1. 校企合作应体现平等互利的关系

从字面上阐释，"合作"应当是双方共同的需求。在校企合作中，学校与企业双方应尊重各自作为独立主体的价值，致力于通过合作实现资源整合、互惠互利与协同发展。"平等"关系的维持，需要以实力来保证，以效益来支撑。因此，"平等"与"互利"是相辅相成、相依互补的。从学校一方来讲，与企业合作的基础是学校的办学质量和办学水平，职业院校必须严格教育管理，狠抓"产品"质量，切实加强实训基地建设和专业师资队伍建设，努力构筑自己的技术高地和人才高地，尤其要在培养高技能人才上下功夫，这样才能与企业有共同语言。

2. 校企合作的本质是资源整合

校企合作从本质上说是一种社会资源的整合，是学校教育资源和企业设备资源，以及双方的人才资源的整合互补。学校和企业在人力资源、智力资源、设备资源、房屋资源等方面均具有各自不同的优势，只要合作项目选择得当，就能实现优势互补，取得"双赢"。因此，校企合作需要依托项目展开。从某种意义上说，这种合作也是一种商业行为，要按照市场运作的方式进行洽谈、制定规则、明确双方的责任和权利，以实现动态利益平衡机制，确保合作关系的健康和可持续发展。

3. 校企合作可以有不同层次及多种形式的合作方式

校企合作的内涵是非常丰富的，但由于诸多因素，合作通常局限在服务学生实习或顶岗就业，这是校企合作最浅层的表现，并没有真正实现通过校企合作提高办学质量的目的。校企合作的出发点和落脚点是服务教育，服务学生。职业教育在开展校企合作研究时必须以生为本，从致力于提高学生的职业素养、职业能力和可持续发展能力的视角开展研究。

校企合作可以分为三个层面：浅层、中层和深层。"浅层合作"表现为"用人"合作或"用物"合作；"中层合作"是校企对接，是校企双方以"育人"和"用人"为纽带的对接合作；"深层合作"是校企融合，表现在校企双方在"育人"和"用人"方面达成共识，这种合作具有教育内涵和文化特质，将更有效地服务学生、服务教育、服务社会。

因此，要实现校企合作的科学、可持续发展，必须在合作模式和策略上开展研究。

（二）校企合作的要素分析与机制探讨

全程工学交替人才培养模式的提出正是对现代职业教育校企合作瓶颈的思考与应对。目前，我国职业教育工学交替的内容、形式不尽相同，但遇到的问题具有一定的共性：一是在制度层面缺乏法律法规保障；二是在校企合作中企业方的参与积极性普遍不高；三是在校企合作中职业院校现行的管理制度、教学质量、师资水平等严重制约了校企间工学交替的发展。解决这些问题的关键还在于学校和企业的合作。校企合作是一项系统工程，需要政府、行业、企业和学校多元协同。政府是统筹协调的枢纽，行业指导是支撑，学校和企业的相互理解与相互支持是关键。

1. 政府统筹协调

政府在校企合作中处于联系方方面面的中心环节，作为枢纽发挥着关键作用。在欧美发达国家现代职业教育制度框架下，政府主要发挥了两项职能：一是提供法律保障，颁布相应的法律法规，如《瑞士职业教育法》（2004）、德国《职业教育法》（2005）、爱尔兰《学徒制法案》（1993）、英国《学徒制、技能、儿童与学习法案》（2009）、意大利《学徒制巩固法》（2010）等，确保相应职业教育制度和规划的贯彻实施。二是组织引导，组织协调相关工作，建立现代职业教育校企合作体系，规范相应标准等。例如，德国职业教育培训条例涉及376个职业，由联邦、各州、行业雇主协会和雇员协会四方代表联合制定。我国也有一些成功案例。例如，2011年12月宁波市人民政府办公厅发布了《关于印发〈宁波市职业教育校企合作促进条例〉实施办法的通知》（甬政发〔2011〕140号）。办法通过建立职业教育联席会议制度、搭建校企合作公共网络服务平台、设立职业教育校企合作发展专项资金等系列举措，明确了政府、企业和学校在校企合作中的权责和义务,有效破解经费保障不足、课程与现实脱节、学生实习报酬和保险难落实、校企供需信息不对称等校企合作中的典型难题,为宁波市职业教育顺利推行现代学徒制提供了制度保障。

因此,应坚持政府统筹,通过完善相关制度加强规范和引导,进一步明确政府、学校、企业三方应尽的责任和义务;加强指导和协调,建立教育、人社、发改、财政、税务等部门在校企合作中的协同机制。

2. 行业指导支持

在我国,行业协会属于中国《民法典》规定的社团法人,是指介于政府与企业之间,介于商品生产者与经营者之间,并为各方提供服务、对各方进行监督的,公正、自律、协调的社会中介组织。它是连接政府与企业的桥梁和纽带。在西方一些国家,行业协会不仅参与职业教育培训,并在相关教育立法、课程内容、培训标准等方面提供建议。例如,德国"双元制"的"职业培训条例",英国学徒制体系的"三级学徒制框架(中级学徒制、高级学徒制和高等学徒制)",澳大利亚的"职业资格框架"及资格框架下的培训包等明确了职业教育人才培养应达到的知识、技能要求,并且细化了企业需要的技能型人才的培养目标。

3. 校企深度合作

深度合作是校企合作双方围绕合作主题进行的理念融合、方式统合和目标整合。因此,深度合作是全程工学交替人才培养模式研究探索与实践行动突破的理念统领和战略选择。要实现工学交替的"全程化",校企双方均需转变观念、更新理念,这样才有可能突破校企合作瓶颈,建立与全程工学交替教育理念相适配的长效合作机制。全程工学交替人才培养模式需要的是学校与企业多个部门间的相互协同配合,而学校与企业是不同类型的组织,不同组织在同一社会中承担着各自的职责,但提升各自成员的素养、提高各自组织的效能,是双方的共同任务。学校和企业的有效合作应当建立在相互尊重、互惠互利的基础上。合作各方应在明确各自社会职责、角色担当的基础上,围绕共同提升成员素养的任务,以充分平等对话、协商讨论的方式实现相互的支持、积极的配合、共同的努力、全面的提升,以及成果的分享。基于这样的认识,深度合作应该有三个层次或三个方面的合作——理解平等式合作、互惠有效式合作和文化自觉式合作,这可能也是学校与企业之间合作的起点、结点与终极点。"理解平等式合作"是深刻明晰价值意义的合作,是尊重学校和企业各自独立主体价值的合作;"互惠有效式合作"是深刻明晰目标追求的合作,是以"专业对接产业"为纽带、以"人才培育"为原点的基于双方共同价值追求的合作;"文化自觉式合作"是深刻明晰机制完善的合作,是基于"方式整合",从"目标融合"走向"理念融合"的合作。由此可见,建立学校和企业稳定的合作关系并非一日之功。学校应坚持探索灵活多样的合作形式,因为只有不断提升校企合作效益,才能增强企业参与办学的动力。"顶岗实习""订单培养""职业教育工学结合""职业教育集团化办学"等探索为学校全程工学交替人才培养模式的探索奠定了良好的校企合作基础,提供了可以借鉴的思路。

第四节 全程工学交替人才培养模式中的酒店企业和学校

任何一家酒店都渴望得到充足的人力资源,因为这是使酒店正常运行、保证优质服务、塑造酒店品牌、使酒店获得长远发展的基础。然而,人力资源供应没有保障是目前众多酒店面临的问题之一,每年淡季一过,很多酒店面临的重要问题就是寻找新员工,人力资源部门为此四处奔波。

酒店寻找人力资源,尤其是基层服务者,一个重要的渠道是政府组织建立的人才市场,它没有季节性,随时可以找到应聘者,但人员的专业素质没保障,而且很难一次性满足酒店用人需求;另一个重要的渠道就是与职业院校酒店专业合作,目前全国有近百万旅游及相关专业的学生,他们中绝大多数将进入酒店实习或就业。一方面,职业院校学生受过专业训练,素质较高,接受能力强,进入角色快,能提供较好的对客服务;另一方面,职业院校学生人员集中,对其进行管理的成本低,投入资金相对较少。酒店在聘用实习生时会与学校签订合同,能有效保证酒店的人力资源供给;更重要的是学生实习结束后,酒店可以择优留用,获得源源不断的人才供应,有利于酒店的长远发展。因为聘用学校学生的优势明显,所以很多酒店都采取了这种方式保证人力资源供应。然而,并不是所有的酒店都能与学校建立稳定的校企合作关系,使人力资源供应进入良性循环。很多学校在与酒店合作一两次以后便另做选择。分析原因主要有两个:一是有些酒店仅把学生当作简单劳动力,没有真正关心他们的成长,没有对他们进行实践中的培养、指导;二是酒店没有与学校真正形成合作伙伴关系，除了提供学生实习机会或就业机会外，没有在其他方面给学校提供更多的支持以加强双方的联系。目前，由于酒店业人员流动快、需求量大，在人力资源供应上学校一方明显居于主动地位，合作的终止无疑对酒店一方更为不利。因此，如何与职业院校建立长期的、稳定的合作关系，是酒店业在人力资源方面关注的一个重要问题。通过调查分析，课题组提出以下建议。

第一，酒店应把学校当作自己的人力资源供应基地，与学校建立合作伙伴关系。

作为经营活动的主体，酒店对任何一个供应源都会十分的重视，会为此付出精力，建立良好的关系来保持合作。因此，对能给自己提供人力资源的学校也不应该例外，应该有建立和维持合作的计划和投入，并开展相应的工作，如拜访、座谈、联谊、增加合作项目等。不要等到用人时，才想到与学校联系，这时候人才可能早已被竞争对手抢走。

第二，酒店要树立正确的用人观念——接受学生意味着与学校建立长期合作关系，应主动帮助学校完成培养目标，实现互惠互利。

在接受学生方面，多数酒店更愿意接受实习生，因为成本低、好管理。其实，学生实习，是学校教学计划的一个组成部分，这个阶段的教学内容仍然是围绕着学校培养计划而设计的，酒店应该舍得在培养学生上花费精力，关注、指导学生，帮助学生成长，配合学校实施培养计划；如果酒店在聘用实习生时只关心节约成本的问题，那么就难以在学生培养上有所作为。学生在工作中出现问题，酒店会把责任推给学校，这种合作肯定不会长久。如果全国的酒店都持这种用人观念，那我国酒店后备人才的培养之路将越来越窄，这势必影响中国酒店业的发展。

学生在企业实习的过程仍然是学习和成长的过程。在实际工作中，学生会碰到一系列的困惑，因现实与理想的差距产生不良情绪。实习生在处理与客人的关系、与同事的关系时会遇到很多烦恼，在接受酒店文化过程中会产生不解，等等，这时就需要酒店去关注他们的思想、心理，有计划地指导他们成长。否则，学生长期不适应，会使学校的培养计划受到影响，给学校管理带来很多麻烦，学校鞭长莫及，会认为酒店对学生不负责任，因而对酒店产生不满。所以，酒店在接受学生之前，应与学校方面沟通，在培养计划上达成共识，尤其是第一次合作，事前的沟通是必要的。这样，当学生进入酒店后，酒店才能有的放矢，指导学生成长，使酒店同学校一起实现育人目标，同时也为自己储备人才。

第三，拓宽领域，进行多方面合作。除了在学生实践问题上的合作外，酒店应拓宽与学校的合作领域。学校教育的职业性越来越强，学生选择专业其实就等于选择了自己未来从事的行业，也就是选择了职业。对于学生，从其入校的第一天开始，学校就应对学生严格要求。目前酒店专业教师中有酒店系统服务与管理经验的人不多，学校对学生的职业能力培养与实际需求有差距。为了使学生适应未来人才市场的需求，学校非常欢迎酒店专家参与学生在校期间的培养，因此，酒店还可以通过以下多种方式与学校进行合作，实现互惠互利。

一是派骨干参加学校的专业指导委员会。职业院校大多建立了自己的专业指导委员会，每年定期讨论课程改革、教学计划、实验室建设、教材修订、学生管理等方面的问题，酒店可以派骨干在专业指导委员会中兼职，结合工作实际和发展变化参与讨论，提出意见和建议，帮助学校进行教学改革，帮助学校提高专业建设水平。

二是派资深人士做学校的兼职教师。酒店业资深人士有着丰富的酒店从业经验，有着丰富的人生体验，他们的经历往往对学生端正职业态度、确立成长目标有着非常大的影响。酒店可以派出资深人士做学校的兼职教师，定期或不定期为学生做讲座，给学生以人生的启迪，指导学生形成良好的职业态度，同时传授行业信息，传播先进理念和管理方式，使学校教学多元化融合，有利于对学生适应能力和个人发展能力的培养。

三是为学校教师实习提供机会。酒店业需求变化快、发展快，学校会定期选派专业教师进入酒店实习，体会行业新的变化和要求。酒店应该积极为实习教师提供这样的机会。一方面酒店可通过这种方式加强与学校的合作；另一方面学校教师能在实习中熟悉酒店的文化和管理方式，在往后的教学中就能将其传授给学生，教师在酒店的经历也会被当作案例，这样既提高了酒店的影响力，又提高了学生将来进入酒店实习、工作时的适应能力。

四是经常反馈优秀毕业生的工作成绩。派学校毕业生返校做报告，对酒店进行宣传，还可以针对就业学生的表现与学校共同探讨人才培养问题。

第五节　全程工学交替人才培养模式的实施保障

保障机制是政府、学校、企业为充分发挥各自的功能和优势，通过制定相关的法律、制度，采取相应措施以促进校企合作的可持续发展而形成的相互联系、相互作用的关系及其功能的总称。通观全球，成功的合作培养模式如德国的"双元制"模式、英国"工读交替制"模式和美国的"合作教育"模式，虽然特色各异，但是它们都建立了"国家立法、政府组织、校企共同实施"的校企合作保障机制，值得我们借鉴。

（一）企业构建利益保障及约束机制

企业的根本目标是营利。酒店企业能否长期与学校合作，取决于合作能否产生良好效益。对于企业而言，主要是建立利益保障机制和行为约束机制。

1. 建立"谁投入，谁受益"的利益保障制度

首先，让参与合作的企业在合作中分享人才培养的成果。合作小组应该建立相关制度，对学生进行引导，保障合作企业人才供应。

其次，企业在合作中可以依托学校资源，建立制度，降低员工培训、技能提升、技术成果转化等方面的成本，提高效益，以达到发展企业、提升企业的目的。

2. 建立"谁使用，谁负责"的长期培养保障制度

在实施全程工学交替人才培养模式的过程中，企业会在用人初期给学生描绘美好的职业发展前景，为学生进行职业生涯规划，制订5年至10年的长期培养计划。而现实中，长期培养计划常因人员变动等因素而中断，人才常因职业前景不理想而流失。学生对企业这种"画饼充饥"的行为抱怨颇多，究其原因，就是因为没有建立有约束的长期培养机制，规定企业和学校在学生长期培养中的责任和义务，并落实执行到底，不因人员变动而中断。

3. 建立"谁参与，谁宣传"的企业文化融入负责制度

长期以来，企业文化的宣传任务主要落在了学校身上。学校仅仅将企业文化作为课程的一部分灌输给学生，但是实践证明，这种方式往往导致学生的抵触。对于企业文化的融入和渗透，应当建立相关制度规定，以企业为主，以学校为辅，宣传企业文化，将企业文化与校园文化相融合，深化合作。

（二）学校构建开放的运行保障机制

1. 构建开放的教学体系，做到"五对接"

真正做到专业与产业对接、课程与岗位对接、校园文化与企业文化对接、教师与技师对接、教学与生产对接，确保学校按照社会和企业的需求组织教学。

2. 建立适应合作需要的评价考核体系

学校按照产学结合对教学管理的实际要求，与企业共同创新评价考核方式，建立评价考核体系，监控学生在校内外的学习、实训和实习情况。

3. 建立开放的运行保障机制

建立开放的运行保障机制需要学校和企业全方位的配合，如学校人事部门为教师下企业锻炼、企业兼职教师进校或在企业授课提供服务，教务系统为工学交替教学提供服务，学工系统为工学交替学生管理提供服务，企业人事部门、各业务部门为师生进入企业实践提供帮助，等等。

（三）学生管理方面构建"企业准员工"管理制度

发布融入酒店企业文化的《学生手册》《校园文化管理制度》《寝室文化管理制度》等。将企业文化作为学生的必修课程，使其与校园文化和校园生活相对接，让企业文化融入学生的校园生活。

建立职业指导制度，对教师、班主任、就业干事、指导老师等进行明确分工，如任课教师在课堂上可以引导学生对自己的职业生涯进行规划，而班主任和就业指导老师则应抓紧班会时间和几个关键时间对学生进行正确引导，使学生毕业后能学以致用。这里所说的几个关键时间指的是：第一，企业到学校进行交流时；第二，学生进入酒店实习前；第三，学生进入酒店实习的第一个月（学生因角色转变最容易发生心理变化，不良的心理变化会影响实习效果，甚至导致学生离开合作酒店）；第四，学生到企业实习结束后（学生对未来和就业会出现彷徨和迷茫，这在低年级学生身上表现得尤为明显）。

（四）政府建立完善的法律法规支持体系，完善法律政策体系，提供法制保障

1. 政府应对现有的教育法规进行补充和完善，构建一套详尽的、操作性强的法律保障体系

国家可以通过立法，规定生产条件先进的企业为教育服务的责任和义务；制定一些优惠政策，对参与合作的企业，根据接受学生的数量和消耗企业材料的费用，减免一定的税款等，保障企业参与人才培养的利益。

2. 培育专门机构，提供组织保障

我国行业众多，单靠行政主管部门统筹校企合作难度很大，比较可行的做法是由行业组织牵头成立校企合作指导委员会，主管合作教育。校企合作指导委员会的主要职能为：搭建校企合作平台，发布权威信息，制定育人标准，共享社会资源，寻找合作伙伴。同时，校企合作指导委员会根据有关政策与法规，建立激励约束机制、评价监督机制，规范合作行为，保障合作双方的利益，并通过宣传赢得社会的认同与支持。以下为相关文件。

镇江高等职业技术学校（江苏联合职业技术学院镇江分院）
全程工学交替校企合作联盟工作制度

一、总则

第一条 全程工学交替校企合作联盟是推进校企合作的专家机构，致力于推进学校与企业在人才培养、专业建设、课程建设、顶岗实习、实训基地建设、订单式培养，产品开发、技术咨询、项目申报等方面的全面合作；是创新办学模式、探索产学研一体化的全程工学交替校企合作平台。

第二条 全程工学交替校企合作联盟按照理事会、校委会的指示和要求完成预定的工作。联盟的原则：优势互补、资源共享、互惠互利、共同发展，促进学校与企业进行深层次全程工学交替校企合作，共同培养应用型创新人才，打造职业教育品牌。

第三条 全程工学交替校企合作联盟的主要工作任务。

（一）建立"基地共建"机制，实现"人才共育"的人才供求目标；

（二）建立"人才交流"的技术力量培养机制，实现资源共享的员工培养"校企共建"目标；

（三）建立"技术服务与咨询，科研创新与互动"的科研发新机制，实现"优势互补，成果共享"的技术科技研发目标；

（四）建立全程工学交替的教学生产新机制，实现"教学与生产经营一体化"的现代职业教育人才培养与发展目标。

第四条 联盟的活动方式：通过定期会议、参观考察、高层会商等方式，加强联系，增进相互了解。

二、组织机构

第五条 全程工学交替校企合作联盟设主任委员一名、副主任2—3名和委员若干名，秘书2名。

第六条 联盟主任由镇江高等职业技术学校主要领导担任，副主任由学校分管领导和部分知名企业负责人担任，委员由学校相关职能部门负责人和合作单位负责人担任。

第七条 全程工学交替校企合作联盟合作单位以镇江高等职业技术学校邀请与企业自愿加入相结合的办法产生。

第八条 全程工学交替校企合作联盟下设办公室，作为联盟的日常办公机构，设办公室主任一名，常务秘书一名，常务秘书同时兼任联盟秘书。

第九条 联盟的主要职责。

（一）制定和修改联盟的章程及联盟内部的管理制度；

（二）筹备、召开联盟月例会与学期工作会议；

（三）推选联盟委员及相关负责人；

（四）加强与企业的深度融合，吸纳知名企业全程参与学校人才培养工作；

（五）配合系部建立一支既有企业经验，又懂教学的"双师型"教师队伍；

（六）决定联盟的其他重大事项。

第十条 全程工学交替校企合作办公室职责。

（一）负责制订全程工学交替校企合作年度工作计划、下发通知、撰写总结等日常工作；

（二）负责组织开展学校与企业在人才培养、科技合作、实训基地建设、产学研一体化、产品开发、技术咨询、项目申报等方面的合作事项；

（三）负责统筹开发和管理校内外全程工学交替校企合作单位；

（四）负责统筹开发和管理实习实训基地，以及协议签署、相互合作等事宜；

（五）负责联盟交办的其他工作。

第十一条　各系确定一名领导专门负责全程工学交替校企合作工作的组织与管理，并设置秘书一名，由教学或行政秘书兼任。

三、议事程序

第十二条　全程工学交替校企合作联盟会议可由主任委员、副主任委员或半数以上委员联合提议召开，一般情况下，联盟每学期至少召开一次全体会议。

第十三条　全程工学交替校企合作联盟会议议题可由联盟主任委员提出，也可由委员独立或联合提出，由联盟秘书负责收集会议议题，并提交主任委员或副主任委员审查决定，并提前通知全体委员（包括相关材料）。

第十四条　全程工学交替校企合作联盟会议由主任委员主持。当主任委员因故无法出席时，可委托副主任委员主持。在讨论或审议重大事宜时，必须有三分之二以上委员出席。必要时，主任委员可选择用表决的方式反映全程工学交替校企合作联盟的集体意见。如表决时赞成票超过三分之二，即可认为议题获得了全程工学交替校企合作联盟集体同意。

第十五条　全程工学交替校企合作联盟秘书负责每次会议的记录工作并在会后形成会议纪要。会议记录和会议纪要是学校的重要文件，须交档案室妥善保管。

第十六条　全程工学交替校企合作联盟会议是委员履行职责的重要环节，一般情况下不得请假。如遇特殊情况，须向主任委员书面请假。

四、经费来源与管理

第十七条　联盟的主要经费来源。

（一）政府和学校的资助；

（二）学校每年给予全程工学交替校企合作专项经费用于开发和管理日常工作；

（三）企业合作中的企业赞助或企业专项费用；

（四）其他合法收入。

第十八条　联盟建立财务制度，经费仅在联盟业务活动范围内开支，不得挪作他用。经费使用年度预决算，经费管理按学校相关财务制度执行。

第十九条　联盟根据本章程为合作单位提供的技术咨询、培训或承担的科研、技术开发等项目，由学校或相关项目实施单位与委员单位另行签订合同，项目的实施和经费的使用按照合同规定执行。

五、附则

第二十条　学校可向合作单位授牌："镇江高等职业技术学校实习实训基地"；合作单位可向学校授牌："×××公司人才培养基地"。

第二十一条　合作单位与学校开展如专业共建、实习实训基地共建、人才订单培养、师生实习实训等合作项目，由校企双方另行签订合作协议。

第二十二条　本制度经理事会批准之日施行。

第二十三条　本制度由学校全程工学交替校企合作办公室负责解释。

镇江高等职业技术学校（江苏联合职业技术学院镇江分院）企业专家学校聘用制度

为加强师资队伍建设，积极从企业聘请专家，专兼结合，改善我校师资队伍结构，是我校教育教学改革发展的迫切需要。现结合我校实际，制定如下企业专家管理办法。

一、企业专家队伍建设的基本思路

适应职业教育改革发展的需要，以满足专业教学改革、保证人才培养质量为出发点，校企合作、优中选优、强化培训、加强管理、共同提高、互利互惠，努力建设一支敬业奉献、责任心强、业务素质高、懂得教学、相对稳定的企业专家队伍，通过努力，使全校企业专家教学工作量占全校教师教学工作量的20%以上。

二、企业专家队伍建设的基本原则

1. 校企合作，共同培养。企业专家队伍建设是产学合作的要求，也是校企双赢的工作，企业专家队伍建设需要校企双方相互配合，共同努力。

2. 优中选优，重在培训。坚持选择企业骨干能手作为企业专家，同时又要认识到企业岗位与学校教学的不同，必须对企业专家进行适当的业务指导和培训。

3. 教学需要，用其所长。对企业专家并不要求其具有本校教师的全部素质，只要在某一专业领域或学科具有较高造诣或能胜任单一实习实训指导工作，都将用其所长。

4. 教学相长，共同提高。要求参与我校教学工作的企业专家不断学习，努力提高自身素质。

5. 加强管理，严格考核。加强管理，严格考核是维护我校的教学秩序，顺利实施教学，确保人才培养质量和规格实现的需要。

三、企业专家队伍建设的运作

（一）遴选

根据教学需要，对企业专家的需求情况及能力素质提出具体要求，报呈学校主管部门和合作单位人力资源管理部门；按照服务教学、用其所长的原则，学校办公室从企业技术人员、管理人员、技师及岗位骨干中初步筛选合格人员；由学校教科处考察，向学校推荐确定，并报主管部门和产学合作单位人力资源管理部门备案，由学校聘任为企业专家。

（二）培训

企业专家来我校任课前，由教科处对其进行形式灵活的思想和业务培训。培训内容主要是教师职业道德、教育教学理论、产学合作教育、专业培养目标及各教学环节的基本要求。

（三）管理

教科处负责建立企业专家库，协调和指导企业专家管理工作。企业专家的日常管理工作由教科处和系部承担。采取灵活管理和具体职责相结合的管理措施。其教学形式可以是授课，也可以是实训实习指导和讲座等。教研室要利用业余时间，不定期开展教研活动，探讨教学方法，根据实际情况及时调整教学目标及要求。为积累教师任职实绩，优化教师队伍，教科处要建立教师业务档案，档案主要包括：任职登记表、聘任合同、授课计划、教学总结、教学评估、成绩和奖励惩罚等材料。

（四）待遇

1. 学校聘请的企业专家由学校颁发兼职聘任证书。

2. 企业专家承担理论课程教学的工作报酬，经系部考核并结合其职称职务，按初、中、高级职称标准计发，承担实习指导的工作报酬按理论课时乘学校规定系数计发。

3. 经学校同意，企业专家受聘全职在校担任实验实训室建设工作的，由教科处与企业专家签订协议，并按月计发约定薪酬。

4. 全校教职工要牢固树立尊师重教，以教学为中心的思想。要关心企业专家的生活和工作，热心为他们服务，发放薪酬要准时，接送车辆要准时；平时要保证饮水和休息室的整洁。教科处的管理人员要经常倾听他们的意见和建议，认真解决他们生活和教学中的问题。

四、聘用人员管理制度

企业专家要认真履行职责，努力做好专业技能训练，为此，企业专家在日常的教学中要做到以下几点：

1. 严格遵守教育教学的政治思想准则，坚持正确的政治导向和理论导向，不准散布与国家大政方针相悖的思想观点。

2. 维护教学计划、教学大纲的严肃性和教材的科学体系，不可随意增删、压缩。

3. 重视教学常规和实践环节。

4. 了解学生，面向学生，针对学生思想和学业实际进行教学。

5. 按时授课、辅导，若要请假，应提前一天告知所在系部。

6. 衣着庄重整洁，言谈举止文明。

7. 对个别不适应工作，或宣扬错误观点者，学校将予以辞退。

五、考评制度

对从企业和产学合作单位聘请的企业专家，由所在系部和学校考核小组联合对其进行考核，不定期检查企业专家的教学情况，提出指导意见，帮助其不断提高教学水平，从而保证教学质量。结合教科处、系部意见和学生的反映，对企业专家进行综合考核。参照学校考核制度，奖励教学效果好、工作认真而被学校评为优秀教师者；奖励在技能考核、各级技能大赛中名列前三名者；奖励优秀教材编写者；奖励在各种学业竞赛活动中取得名次者。对考核不合格者坚决予以辞退并通报其原单位。

镇江高等职业技术学校（江苏联合职业技术学院镇江分院）专业教师企业挂职制度

为了加强学校双师结构师资队伍建设，鼓励、规范广大教师深入行业、企业进行实践锻炼，进一步提高专业教师的专业技能、实践教学能力和科技服务能力，现就我校专业教师到行业、企业进行实践锻炼工作提出以下实施意见。

一、教师到行业、企业实践锻炼的任务和形式

（一）实践锻炼的任务

1. 根据教学需要，开展专业调研、技术服务、技能训练、课程开发与建设、编写实训教材、开拓实训基地等工作，以获得实践经验，提高实践教学能力。

2. 向生产服务一线有丰富实践经验的技术人员和能工巧匠学习，了解所从事专业目前的生产、技术、工艺、设备的现状和发展趋势，特别是新科技、新工艺的应用和发展，以便使教学更贴近实际生产的要求。

3. 了解本省本地区的经济发展和市场需要情况，加强学校与企业的沟通与联系，为校企合作建立纽带。

（二）实践锻炼的形式

教师到行业、企业实践锻炼可分为以下四种形式：到行业、企业顶岗实践（挂职锻炼）；合作研发（提供技术服务）；蹲点指导学生实习；实地调研。

二、教师到行业、企业实践锻炼的参加对象与时间要求

参加实践锻炼是专业教师的基本职责之一。本实施意见所称的"专业教师"，是指担任高职专业基础课和专业课教学的教师。

专业教师每年到行业、企业实践锻炼的时间不少于一个月。对于刚毕业来校、无企业工作经历的专业教师，两年内必须脱产参加实践锻炼，时间不少于3个月。

专业教师中年龄在57周岁（男）或52周岁（女）以上，或请产假、脱产进修半年及以上的，前两学年实践时间已达6个月以上的，可不参加当年的实践锻炼。

三、教师到行业、企业实践锻炼的实施要求

（一）到行业、企业顶岗实践（挂职锻炼）

到行业、企业顶岗实践（挂职锻炼）是指脱产不少于一个月的时间到行业、企业的某一岗位进行顶岗生产、服务或具有实质工作任务的挂职锻炼。原则上无企业经历的中级及以下职称专业教师应到企业顶岗实践、挂职锻炼。

1. 教师要制订个人实践锻炼计划，明确顶岗锻炼的目的、方法、形式和预期效果等。

2. 教师要做好顶岗锻炼的记录，以备检查和总结使用。同时，有等特殊情况不能到岗时须至少提前一天报告系部。

3. 顶岗实践结束后，教师要撰写不少于3 000字的实践报告，总结实践成果并提出专业建设、课程建设和教改等方面建议（必须与自身发展和专业发展相结合）。

4. 系部应在一定范围内组织顶岗实践汇报会。

（二）合作研发（提供技术服务）

合作研发（提供技术服务）可以以脱产或不脱产的形式进行。脱产进行时，时间应不少于3个月。不脱产进行时，一定时期内应有相对固定的工作时间和形式，单个企业或项目的合作研发、技术服务可连续累计。有三年以上企业工作经历的中级职称专业教师、博士后出站人员以及具有高级职称的专业教师，可从事技术服务工作。

1. 教师要提供合作研发（提供技术服务）单位的邀请函（或证明）和详细的研发计划或需提供技术服务的具体内容及要求。

2. 教师要做好合作研发（提供技术服务）的工作记录，以备检查和总结使用。同时，改变相对固定的工作时间和形式时要至少提前一周报告系部。

3. 合作研发（提供技术服务）结束后，教师要撰写不少于3 000字的实践报告，总结实践成果并提出专业建设、课程建设和教改等方面建议（必须与自身发展和专业发展相结合）。

4. 系部应在一定范围内组织合作研发（提供技术服务）汇报会。

（三）蹲点指导学生实习

蹲点指导学生实习是指学生集中性地到行业、企业实习时，教师全程参与具体的批量定期实习指导。

1. 教师应制订改进型的实习指导实践锻炼计划，并报系（部）核准。

2. 教师应严格执行已批准的实践锻炼计划，并做好记录，以备检查和总结使用。

3. 实习指导结束后，教师应提交实习指导实践锻炼报告。实践报告应不少于 2 000 字，总结实践的成效和存在的问题，就实验实训环节提出建议。

4. 系部应在一定范围内组织集中性指导实习汇报会。

（四）实地调研

实地调研是指为了专业申报、专业建设、课程建设、实训基地建设、教学改革和社会需求等方面的需要，有组织、有计划、有明确目的地进行的调查研究活动。

1. 实地调研必须制订详细的调研计划，并报（系）部核准后实施。

2. 每位教师都应做好实地调研的记录，以备检查和总结使用。

3. 调研结束后，必须提交不少于 3 000 字的调研报告。必要时系（部）要组织一定形式的汇报会。

4. 原则上，每次实地调研的时间不超过 10 天。

四、教师到行业、企业实践锻炼工作的管理

（一）对各系部、教科处等管理部门的要求

1. 各系部、教科处负责有关计划的制订和修正，负责认定教师到行业、企业实践锻炼的时间和效果。

2. 教科处负责教师到行业、企业进行顶岗实践（挂职锻炼）、合作研发（提供技术服务）等实践项目的审批。

3. 各系部应统计、公布每学期各系（部）教师计划到行业、企业参加实践锻炼的相关情况（实践锻炼计划和考核鉴定等）。

4. 师资、教科、视导等部门联合对专业教师实践锻炼工作进行抽查,由各系部将抽查结果反馈给各系;可组织专家对专业教师提交的实践总结报告进行抽查,必要时也可进行答辩。以上检查情况与各系的部门考核、教师的教学业绩考核和年度考核挂钩,确保实践锻炼工作取得实效。

(二) 对系(部)的要求

1. 系(部)负责教师蹲点指导学生实习、实地调研等项目的实践锻炼的审批。

2. 制订专业教师实践锻炼工作计划。系(部)根据专业建设和师资培养的需要,负责制订、审核教师到行业、企业实践锻炼的计划和任务,明确各位教师的实践内容、实践时间、实践单位和预期效果等。

各系(部)应在每年的5月和12月完成下学期教师到行业、企业参加实践锻炼活动的计划审批工作。

3. 做好相应的管理工作。对所有参加实践锻炼的教师至少组织一次覆盖面100%的检查指导(形式自定),并形成书面记录备案;及时开展实践锻炼的交流汇报活动;教师到行业、企业实践锻炼结束时,系(部)要做出初步的鉴定;每学期提交一份本系教师参加实践锻炼的质量分析报告。

4. 各系(部)应建立教师到行业、企业实践锻炼的专项档案,并妥善保管,确保资料完备可查。

教师到行业、企业实践锻炼的专项档案,包括以下资料:

《镇江高等职业技术学校专业教师企业挂职审批表》《镇江高等职业技术学校专业教师企业挂职锻炼考核鉴定表》《镇江高等职业技术学校专业教师企业挂职锻炼记录》以及实践锻炼期间的成果和形成的其他资料等。

(三) 其他

具有高级职称的教师可以实行成果申报制,以成果(与企业合作的项目等,不包含纵向课题)认定的形式来考核参加实践锻炼的成效。在填写《审批表》时,要明确成果的大概内容、合作企业、合作时间以及成果形式,作为考核的依据。同一成果(指到款额5万元以上的横向项目成果,或到款额10万元以上的厅级专项课题成果）限项目组前两名（前两名中有中层及以上干部的顺延一名）申报。横向项目到款额每增加5万元，可增加一个申报名额；厅级专项课题到款额每增加10万元，可增加一个申报名额。

五、提高认识，从严要求，确保工作落到实处

1. 将"专业教师每年到行业、企业实践锻炼的时间不少于一个月"的要求列为校专业教师年度考核内容之一。达不到要求的，当年教学业绩考核不得评定为A或B，连续两年均达不到要求的，专业教师年度考核不得评定为合格以上（含合格）等次。

2. 从今年起，专业教师申报高一级职称，任职期内必须有累计达到6个月以上的到行业、企业实践锻炼经历。

3. 实践锻炼考核中，有以下情况之一的一票否决，认定相关人员实践锻炼考核不合格。

（1）在实践锻炼期间，抽查到教师不在岗，且经核实事先没有向系部办理请假手续的。

（2）实践锻炼期间，不遵守实践单位规章制度，被实践单位投诉导致学校形象受损的。

（3）实践结束后，提交的实践总结报告中没有同自身发展和专业发展相结合的，或不能按照成果申报时的要求完成实践成果的。

系（部）也可结合部门或个别教师的实际另行制定考核标准，事先公开。

4. 学校每年要核拨一定资金，专款专用，以奖励教师实践锻炼工作开展得好的系（部），或作为特殊情况下的专项实践锻炼资助经费。

5. 实践锻炼工作要从严要求，做实功，求实效。系（部）应根据实践锻炼的具体形式，在工作量的计算、绩效工资的分配和具体工作的安排等方面做出明确的规定，以充分调动教师到企业实践锻炼的积极性。

6. 教师下企业实践锻炼是"双师型"师资队伍建设的重要环节。全校各部门都要高度重视这项工作，为教师下企业实践锻炼创造便利条件，确保我校高职教育办学目标的顺利实现。

六、本实施意见由各系（部）、教科处负责解释。

镇江高等职业技术学校（江苏联合职业技术学院镇江分院）
专业教师企业挂职审批表

姓名		性别		出生年月	
学历、学位				专业	
所在系（部）、专业方向				职称及聘任时间	
近两个学期从事的主要教学工作（含讲授课程、实训工作等）					
计划实践锻炼的形式： □ 到行业、企业顶岗实践（挂职锻炼） □ 合作研发（提供技术服务） □ 蹲点指导学生实习 □ 实地调研等					
实践锻炼的计划：（包括实践锻炼的目的、从事的主要工作、工作形式、工作时间等内容） （请另附纸）					
教研室（或专业团队）意见： 负责人签名： 年　月　日					
系部意见： 签　章 注：集中性地指导学生实习、实地调研及其他形式的实践锻炼由系（部）审批 年　月　日					
教科处意见： 签　章 年　月　日					

镇江高等职业技术学校（江苏联合职业技术学院镇江分院）
专业教师企业挂职锻炼考核鉴定表

姓名		性别		出生年月	
学历、学位				专业	
所在系（部）、专业方向				职称及聘任时间	

计划实践锻炼的形式： □ 到行业、企业顶岗实践（挂职锻炼） □ 合作研发（提供技术服务） □ 蹲点指导学生实习 □ 实地调研等
实践锻炼的主要成效：（不超过300字，另附实践总结报告）
教研室（或专业团队）评鉴意见： 实践锻炼效果：□ 好　□ 合格　□ 基本合格　□ 不合格 　　　　　　教研室（或专业团队）负责人签名： 　　　　　　　　　　　　　　　　　　　　　　年　月　日
系（部）评鉴意见： 1. 实践锻炼效果：□ 好　□ 合格　□ 基本合格　□ 不合格 2. 本次实践锻炼时间累计：　个月（或　天） 　　　　　　　　　　　系（部）负责人签章 　　　　　　　　　　　　　　　　　　　　　年　月　日 注：集中性地指导学生实习、实地调研及其他形式的实践锻炼由系（部）审定
各系（部）、教科处评鉴意见： 1. 实践锻炼效果：□ 好　□ 合格　□ 基本合格　□ 不合格 2. 本次实践锻炼时间累计：　个月（或　天） 　　　　　　　　　　　　　　签章 　　　　　　　　　　　　　　　　　　　　年　月　日

镇江高等职业技术学校（江苏联合职业技术学院镇江分院）
专业教师企业挂职锻炼记录

时间		地点	
近阶段（　）工作任务和锻炼的目的			
今日工作计划			

实践锻炼过程等情况：

当日工作小结：

第七章

全程工学交替人才培养模式中的学生管理

全程工学交替人才培养模式强调全过程的工学交替，工学交替是职业教育的重要实践教学环节，是实现培养高技术应用型人才的重要途径。对提高学生实践能力、专业认知能力及引导学生走上工作岗位具有十分重要的意义。教育部教职成〔2011〕12号文件要求，职业学校要与行业（企业）共同制订专业人才培养方案，实现专业与行业（企业）岗位对接；继续推行任务驱动、项目导向等学做一体的教学模式，实践教学比重应达到总学分（学时）的一半以上；积极试行多学期、分段式等灵活多样的教学组织形式，将学校的教学过程和企业的生产过程紧密结合，校企共同完成教学任务，突出人才培养的针对性、灵活性和开放性。在现有学校管理制度下，这种全过程的工学交替人才培养模式下的学生管理对于职业院校来说是一个工作难点，因为多学期、不连贯的校企间的工学交替给学生管理带来了很多不确定性。管理得当，全程工学交替人才培养模式将发挥它的优势；管理失效，则会给学校和企业带来较大的压力。

第一节　工学交替学生管理存在的问题分析

（一）学生存在的问题分析

1. 学生认识不到位，缺乏吃苦耐劳精神

工学交替教育模式和传统的教育教学相比较，最为显著的特点就是学生在学习过程中，参与岗位劳动的时间增加。当代学生，以独生子女为主，一个孩子几个大人宠爱，缺乏吃苦耐劳精神，因认知能力有限，意识不到顶岗实习对未来就业的重要性，不能正确对待企业安排的基层岗位。

2. 学生思想上准备不充分，心理适应能力差

学生参加工学交替学习项目之前，对工学交替往往只是抱着新鲜好玩的心态，思想上准备不充分。到了企业之后，发现企业安排的工作是简单枯燥的重复劳动，心理上产生了很大的落差，于是在企业学习时心态浮躁，不知要学什么，也不懂该怎么做，导致心理压抑，心态不稳，使工作失误情况增多。

3. 学生自我管理能力弱，责任意识不强

学生参与工学交替后，作息时间按照企业的生产时间来安排，没有在校学习时约束性强。尤其是下班后没有作业，学生自我管理能力弱，责任意识不强，容易放松自己，不按时休息，容易影响第二天工作。

（二）学校存在的问题分析

1. 工学交替期间学校思想政治工作开展较为困难

思想政治工作人员是学校学生管理的主力军。开展工学交替后，学生较为分散，一个班级的学生将被分配到不同的企业，原有班级被打乱，学生被按照企业需求，安排到不同部门、不同岗位。人员配备显得不足，思想政治工作开展较为困难。

2. 学校课程体系建设不够完善，没有明确工学交替期间的课程和教学内容

工学交替学习，是实践教学的重要环节，参与工学交替学习项目的学生与普通学生相比，课堂学习时间有所减少。学校对工学交替学生课程体系建设不够完善，没有明确工学交替学生的课程和教学内容，培养方案不够明确。哪些课程以讲授为主？哪些课程以工学交替实践充抵？哪些课程安排在企业实践期间完成？这些问题在培养方案中往往不够明确。在专业培养方面，通过工学交替需要教会学生什么？对于这个问题，学校若不清楚，学生就不可能理解工学交替的实际意义。

3. 与企业没有充分沟通，前期准备不足

相比于顶岗实习，寻找工学交替企业比较困难。学校在落实工学交替人才培养模式时，往往没有充分沟通，还没有做好充分的前期准备，就将学生送到企业去，这为后续的学生教育、管理工作带来一系列困难。

（三）企业存在的问题分析

1. 企业因注重经济效益忽视学生管理

对于参与工学交替的学生，企业在用人过程中，很少会考虑学校的教学要求，忽视对学生的培养。例如，学生进入酒店餐厅工作，如果用餐客人多，工作会很繁忙，主管更看重工作完成量、对客人的态度等方面，缺乏与学生的沟通和交流，不关心学生通过一天的工作能够学到多少经验、知识。

2. 企业忽视学生的身份特点

在对学生的管理方面，企业很少考虑参与工学交替学习者的学生身份，常将其与员工同等看待，以经济手段为杠杆，用企业员工管理制度来约束学生，忽视对学生的教育。在考核学生时，仅仅看岗位工作的完成情况，而不是综合看待学生的表现。

3. 企业与学校的沟通不够

企业往往没有专门负责工学交替学生管理的人员。在与学校沟通方面，主要是反映学生在工作中出现的问题，很少与学校共同协商解决问题。在学生管理方面，为减少成本，一般以主管、领班作为学生的管理人员，没有安排懂得思想政治工作方法的、有经验的管理人员专门负责。

第二节 各方职责

与传统的学生管理模式相比，全程工学交替人才培养模式下的学生除了需要在校期间的管理外，还需要驻企期间的管理，这成了一个新的问题。在全程工学交替人才培养模式下，学生的专业理论学习与实践锻炼紧密结合，但学生离开校园进驻酒店后的管理难度远远超过其在校期间的管理。如果说，学生在校期间的管理还可以照搬传统的学生管理模式和经验的话，驻企期间的管理则必须根据实际需求采取新的德育方法和管理手段，并且需要通过在校期间的有针对性的管理来进行强化。

学生在驻企实训期间所出现的不适应等种种问题，一方面，固然需要通过学校与企业共同加强对学生的管理、引导来加以解决；另一方面，职业院校也要通过加强学生在校期间的管理，打好"预防针"，使学生能够接受相关的教育，对驻企期间的情况有一定的心理准备。不能吃苦、缺乏服从意识、过于自由散漫是职校学生的普遍弱点。如何对实施全程工学交替人才培养模式的学生进行管理，使其尽可能地适应企业工作，不被企业淘汰，要从加强德育、更新管理方式等方面着手。

一方面，学校要积极向合作企业争取，让学生在专业对口的前提下实现岗位的流动，使他们能够对与专业相关的酒店流程有一个较为全面的了解，也避免学生在工作过程中感到单调乏味。另一方面，学校要配合企业做好学生的思想工作，使学生认识到在确保所在岗位与所学专业基本对口的情况下，在一定时间范围内从事不影响学生身心健康的与专业无关的岗位劳动或临时加班等，也是酒店实践的内容之一。

全程工学交替人才培养模式涉及学校和企业，事关学生身心发展和职业发展，因此，校企双方应格外重视相关管理工作。确定全程工学交替管理团队职责。

1. 学校和企业的职责

第一，对专业人才培养方案、课程实施方案等提出建议，并督促方案的施行。

第二，加强全程工学交替的管理工作，包括学生德育及职业素养教育、学生心理辅导等，建立健全管理制度，加强工作的监督检查，要明确对学生在企业学习期间的考核内容和考核方式，认真进行考核。

第三，按方案执行教学计划，有序开展职业技能的训练和专业技能的教学；注重学生的思想政治教育和职业道德教育，提高学生的思想水平，负责督促指导的师傅做好定期总结工作，做好相应的记录，并真实地做好对学生成绩的评定工作。

第四，搭建沟通企业与学校的桥梁，学校应及时主动地与企业联系，了解学生在企业的学习进度，并分派专业的指导教师作为联系人，关注学生的日常工作与生活，及时有效地解决学生在企业实践过程中出现的一系列问题，指导实践活动的正常有序进行。

2. 班主任的职责

对全程工学交替人才培养方案、课程方案、基地方案、学生管理方案等提出建议，并按方案履行相应职责。

第一，建立学生档案，按要求做好档案工作，掌握学生学习工作动态。

第二，加强学生在企业学习期间的德育管理及心理辅导工作，注重学生的思想政治教育和职业道德教育，提高学生的思想境界。

第三，加强与企业的沟通，关注学生的日常工作与生活，及时有效地解决学生在企业学习过程中出现的一系列问题，维护学生权益，确保工学交替人才培养项目的正常有序进行。

第四，做好学生评价工作及学生成长案例分析，促进学生成长、成才。

3. 指导教师的职责

指导教师包括企业导师和学校教师。一是学校根据学生的专业情况选派校内具有丰富教学和实践经验的教师作为指导教师，既包括专业课教师，也包括基础课教师；二是由企业选派专业功底深厚、职业道德高尚的技能专家担任指导教师。这些教师具有双重身份，他们既是工作的组织联系人，又是学生的指导教师。

第一，学校专业指导教师职责：一是熟悉专业的培养计划，教授相应的学校课程；二是熟悉企业实践方案并参与顶岗学习指导，保证学生及时到达企业参与学习；三是与单位加强联系，积极配合部门工作，及时解决学生学习期间出现的各种问题，协调企业与学生的关系，及时解决学生在企业学习的过程中出现的各种问题，及时与学校联系；四是及时了解、掌握并检查学生学习的情况等；五是负责学生成绩的评估工作，并向负责部门进行教学反馈，提出对策或建议。

第二，企业指导教师职责：一是熟悉专业的企业学习方案和实习项目，认真准备实践项目的教学，并按计划执行教学方案；二是按要求指导学生的工作、学习和生活，检查工作进度和质量，在业务指导中应注意培养学生严谨求实的工作作风和创新精神，并详细做好指导记录；三是学生结束企业学习后，要指导其撰写总结材料；四是代表企业做好对学生的鉴定与成绩评定工作；五是向负责部门进行教学反馈，提出对策或建议，促进教学改革。

4. 学生的职责

与传统教学相比，全程工学交替人才培养模式更强调岗位成长，在企业学习是学生学习的重要环节，因此，学生管理尤其应强调并明确学生的职责。

第一，参与企业课程学习是全程工学交替人才培养方案的重要组成部分，所有学生都必须按人才培养方案的要求按时参加企业课程，没有正当理由不得请假，无故缺席者将不能获得相应的学分。

第二，学生应当认真、严格遵守企业的规章制度，服从企业的安排与管理，按照计划参与各项企业实践学习，积极主动地向专业指导教师请教，完成企业学习任务，提高自身专业素养和专业能力。

第三，在没有正当理由的情况下，学生不得擅自离开或者调换实践岗位，不得私自更换学习单位，直至企业学习期满为止。如有重大特殊原因，确实需要中途调换其他单位的，必须提出书面申请，报给学校指导教师，由学校决定是否允许更换学习单位。擅自离职产生的一切后果均由学生本人承担。

第四，学生在企业学习期间，必须严格遵守企业的各项规章制度，尊重工学交替期间的企业指导师傅，在师傅指导下认真工作，服从师傅的工作安排，如遇到保密问题，应严格遵守企业的保密制度；如遇到损害自身健康、危害自身安全或自己合法权益受到侵犯的情况，应及时与学校委派的专业教师联系，由学校出面与实习企业协商解决；如果因为学生过错，造成企业和学校损失或者带来不良影响的，学校将按照相关的规定对学生进行相应的处理；如涉及法律层面，学校将保留追偿的权利。

第三节　工学交替学生管理问题的对策

实际工作中，学生管理是工学交替中学校工作的一个难点。从学校角度、企业角度、学生个人角度考虑，各方追求目标不一样；从教学要求、学生管理要求、企业生产要求考虑，各方实现目标的途径不一样；从社会反响、学校培养目标、学生未来发展考虑，其意义深远……如何解决好工学交替过程中出现的种种问题？根本和关键是做好学生管理工作，保障工学交替实践教学安全有序进行。

（一）加强制度建设，完善各项配套机制

1. 慎重选择工学交替人才培养合作企业，明确企业、学校、学生的三方利益

在与企业进行工学交替人才培养合作的过程中，学校往往处于弱势地位。虽然如此，学校在企业的选择上，要明确自身在工学交替中的主体地位。明确企业、学校、学生的三方利益，不能为达成合作，迁就企业的不合理要求；在学生进入企业前，签订企业、学校、学生的三方协议，明确三方的权利、义务和责任，协议内容和条款因企业不同、专业不同而有所不同，应由三方协商决定，以保证工学交替人才培养项目的进行，以及教学、管理目标的顺利实现。

2. 加强管理制度建设

制度是管理之本，要使工学交替顺利进行，并取得实效，就必须建立一套完善的制度，包括保障机制、约束机制、管理机制等。建立制度不仅仅是为了约束学生，也是为了约束企业和学校，建立制度的目标是促使工学交替顺利进行。

3. 明确职责和要求，保证学习、工作同步推进

在建立制度时，尤其需要注意保障好各方的权益。学校需要确保教育教学顺利进行，保证培养方案能够得到落实，保证学生的安全。企业需要确保正常经营，保证产品质量、服务质量不下降，保证企业效益不因为工学交替而降低，保证学生得到学习和生产实践锻炼。

（二）加大协作力度，确保形成学校、企业、家长三方管理教育合力

1. 前期充分宣传工学交替项目，确保学生在入学时了解培养计划

工学交替人才培养模式与传统教育人才培养模式存在很大的不同，学校在学生入学时，应详细讲解人才培养方案，获得家长和学生的认可。要让家长和学生认识到，没有工学交替的培养模式，培养出的学生在实践动手能力、管理能力、组织能力上会有一定的欠缺，直接影响学生今后的职业生涯。学校、企业也应在学生正式入学前，创造条件，让学生、家长能够最大限度地了解情况，这样可以避免在后面的教育、管理中产生矛盾。

2. 定期互通信息，了解学习、工作进展情况

开展工学交替后，学生在企业的工作时间较长，学生到企业后由于受到种种因素影响，需要一个适应过程。在学生到企业学习的过程中，企业的各种信息也随之传到了家长那里。即使学生在校期间有一些情绪或不满，家长一般会认为，学校所采取的措施是对学生进行教育的必要手段，但是，学生若表现出对企业的不满，家长往往会认为是企业对学生过于苛刻造成的。尤其是在工作时间安排和劳动分工上最容易引发矛盾，酒店行业因为工作时间不规律等更容易引起家长的关注。这就需要学校、企业做好信息互通工作，让家长了解学生学习的过程，了解企业工作流程，并且要讲明企业学习是学生学业的重要部分。必要时让家长走进企业进行参观，在做好家长思想工作的前提下，让家长参与思想政治工作，形成学校、企业、家长三方共同对学生进行管理的教育合力。

（三）做好思想政治工作，开展好班级活动

1. 加强工学交替前期动员

把握好学生思想动态是开展好工学交替的基础，在开展工学交替实习前，需要做好学生动员工作。其作用有以下几个方面：一是让学生对工学交替有充分了解和认识，对企业情况有所认识。二是及时向学生通报解读工学交替的政策文件，以免学生对此造成误解。三是通过动员，让学生家长也能够了解工学交替的培养方式，并接受工学交替的培养方式。四是对班级管理可以早做安排，给学生设定工学交替的学习目标和任务。

2. 加强心理辅导

随着工作和学习压力的增大，学生的心理会发生一定的变化。在学生进入企业前，要对学生进行全面的心理测试，针对一些可能会不适应工学交替的学生进行适当辅导。学生在企业学习时，学校网络测试平台、心理咨询平台，应随时对学生开放，学生可以在线测试，在线咨询。测试结果，可以反映在网络测试后台，学校心理咨询中心对测试数据分析，将分析结果反馈给在企业管理的老师和企业管理人员，方便其做好学生思想工作。

3. 加强党团组织建设，做好组织工作

建立健全相关组织和制度，发挥学生自身主体作用，是开展好思想政治教育的有效途径。在条件允许情况下，成立团支部、临时党支部，负责学生的党团组织生活，开展正常的组织教育活动，进行必要的组织工作，如党员和团员发展考察、民主生活、学生党课学习、主题班会等。成立班委，选举班长、生活委员、文娱委员、体育委员等班干部。学生干部生活在同学中，与同学同工作，同学习，同休息，发挥好学生干部的模范带头作用。学生干部的言行影响，有时会超过老师的教育，这是做好学生思想政治教育工作的直接有效方式。

4. 加强文化建设，丰富业余生活

校园文化是以学生为主体，以校园为主要空间，以育人为主要导向，以精神文化、环境文化、行为文化和制度文化建设等为主要内容，以校园精神、文明为主要特征的一种群体文化。企业文化是指企业在实践中，逐步形成的为全体员工所认同、遵守，带有企业特色的价值观念、经营准则、经营作风、企业精神、道德规范、发展目标的总和。学生参与工学交替学习项目，受企业文化影响的程度甚至会超过校园文化的影响。学生管

理要研究校园文化与企业文化的共同点，提升内涵，做好正面引导。学生在企业实习期间，能够感受到的校园文化较少，应合理安排学生参加校内举行的大型活动，如参加校内举行的运动会、文艺晚会、大型庆典等，或者把校内的活动搬到企业去，如在企业开展歌手大赛、模特大赛、演讲比赛等，让学生在企业和校园之间都能找到归属感。

（四）加强管理人员培养，完善考核制度

1. 加强多方考核，全面衡量工学交替成绩

对于参加工学交替学习的学生，为达到全面考核目的，应该采用教学评价、学生管理评价和企业评价三方面结合的考核方式，明确学校和企业各自的考核内容；明确教学评价、学生管理评价、企业评价在学生总评价中的比例。在教学评价方面，应侧重于对学生实践动手能力的考核，侧重于生产知识和产品知识的考核；在学生管理考核方面，应侧重于遵守各项管理制度，尤其是企业的管理制度的考核；在企业评价方面，应与正式员工考核一样，从出勤率、工作态度、技能表现、劳动纪律等方面进行考核。

2. 注重过程考核和讲评

工学交替表现在每天的工作岗位上，对学生进行考核时，不能像其在校学习期间一样，对一门课程仅以考试的形式来评定成绩。应该注重过程考核和讲评。每天的工作过程，都要有记录、有成绩，对学生工作表现的好坏、工作效率的高低要及时讲评，表扬先进，督促后进。这样一方面能够保证工学交替人才培养计划的顺利进行，另一方面还能避免学生成绩差距太大。

3. 开展岗位技能竞赛，以赛促训，以赛促学，以赛促管

学生在企业进行工学交替学习时不可能像在校学习时一样，每天都有新的知识点，都有新内容。学生对工作岗位要经历一个从了解到熟悉的过程，同时这也是一个从新鲜到厌烦的过程。为了减少学生对工作岗位的厌倦感，并且不断对岗位产生新的兴趣点，企业管理人员与教师一起设计了在企业内开展的岗位技能竞赛（表7-1）。通过技能竞赛，强化学生对技能的掌握，并促使其对工作岗位开展研究，达到以赛促训、以赛促学、以赛促管的目的。

表 7-1 全国、江苏省职业院校技能大赛一、二等奖名单

项目名称	组织时间	获奖级别	学生姓名
国赛酒店服务项目	2018.05	一等奖	赵周敏
国赛模特项目	2019.05	一等奖	戴悦
省赛酒店服务项目	2016.01	一等奖（第一名）	何濡淳
	2016.12	一等奖	周雨欣
	2018.01	一等奖（第一名）	王裕城
	2018.01	一等奖	陶文娟、周雨欣、张文慧
	2020.01	一等奖	董玮雯
省赛导游项目	2016.01	一等奖（第一名）	徐思怡
	2016.12	一等奖（第一名）	徐嘉慧
	2018.01	一等奖	丁棉霞
	2018.03	一等奖	郭庆瑶
	2018.03	一等奖	徐思怡
省赛模特项目	2016.12	一等奖	庄媛
省赛酒店项目	2016.01	二等奖	张文慧
	2016.01	二等奖	陶文娟
	2016.01	二等奖	朱亚琴
	2016.01	二等奖	冷苏昌
	2016.12	二等奖	张文慧
	2016.12	二等奖	陶文娟
	2018.01	二等奖	赵周敏
	2018.01	二等奖	李诚智
	2019.01	二等奖	陈心蕊、吴文婷
	2019.01	二等奖	赵周敏、李诚智、刘欣雅
	2020.01	二等奖	赵楠、周朦朦

续表

项目名称	组织时间	获奖级别	学生姓名
省赛模特项目	2016.12	二等奖	郭雨岚
	2016.12	二等奖	蒋子欣
	2016.12	二等奖	周舟
	2018.01	二等奖	苏永湘
	2018.01	二等奖	蒋子欣
	2018.01	二等奖	蒋乐妍
	2019.03	二等奖	戴悦
省赛导游项目	2016.01	二等奖	郭庆瑶
	2016.01	二等奖	徐嘉慧
	2016.01	二等奖	周婧婳
	2016.12	二等奖	蔡颖
	2016.12	二等奖	雷雨欣
	2016.12	二等奖	徐思怡
	2018.01	二等奖	郭庆瑶
	2018.01	二等奖	徐思怡
	2019.01	二等奖	唐凯
	2019.03	二等奖	蔡颖
	2019.03	二等奖	丁棉霞
	2020.01	二等奖	彭宇婷
	2020.01	二等奖	茅蓉

第八章 校本研究成果

培养"一岗多能"高技能应用型人才，是职业教育的重要使命。对接酒店行业，与高水平酒店合作，提炼酒店行业人才核心指标，构建酒店人才模型和培养模式，推动校企"内涵式""制度化"人才共育，是酒店专业人才培养院校和企业的职责所在，也是推动职业教育与酒店行业"和谐共生""互促发展"的重要路径。为了高效深入推进酒店人才校企共育，破解教学难题、提高人才培养质量、增强服务社会能力，进一步探索工学交替人才培养模式，江苏联合职业技术学院镇江分院基于"产教融合""多维协同"的共育理念，提出了全程工学交替的人才培养理念，并以旅游类专业为试点，开展了全程工学交替人才培养模式改革的探索与实践。

通过全程工学交替人才培养模式的改革创新，学校取得了一系列实践与研究成果。

（1）形成"S（学校）—P（校属酒店）—C（企业学院）—H（酒店企业）"轮转的校企共育机制。基于酒店人才培养的联席会议机制和委员会制度，运行四平台轮转培养机制，校企共同推动内涵式合育。

（2）构建产、训、赛、证、学"五维协同"培养模式。模式基于酒店行业用人标准，形成酒店核心岗位人才能力模型，以项目辐射育人过程中的各关键节点，驱动协同共育，推动了学生岗位能力"化学反应式"发展。

（3）建立基于工作过程的模块化课程体系。基于"德技并修""工学结合"理念，根据职业院校酒店专业学生的特点和认知规律，分析酒店企业工作手册、内训讲义等资料，进行教育学加工，形成基于工作过程、技能要素紧密对接行业需求的学习领域模块化课程。

(4)实现基于"导师伴随"的分层、进阶、轮岗实践课程化。基于酒店人才发展规律,与校属酒店、企业学院、酒店企业合作,建立系统实践制度,采取全程"导师+教练"形式与"基地轮换+轮岗制实习"方法,实现实践课程化,推动课程实践化,促进学生实践能力的螺旋式发展。

中央电视台教育频道、江苏电视台教育频道、《中国职业技术教育》《江苏教育》《江苏教育研究》等刊物对学校酒店专业进行过宣传报道,建设成果被录入江苏联合职业技术学院质量年报;相关研究被立项为江苏省教育科学"十三五"规划课题,获得江苏省教学成果评比二等奖,并入选国家"万名旅游英才计划";开发的课程及课程标准、主编出版的教材被江苏联合职业技术学院采用,并在相关分院、办学点推广;福建、西藏等省和自治区职业院校酒店专业采用相关课程;代表团先后在全国旅游骨干教师培训班、江苏省旅游专业负责人培训班,福建、宁夏、安徽、西藏及省内南京等地教师培训班上进行过专题讲座;学校接待了来自全国 50 余批教师学习考察团队,福建、新疆相关专业骨干教师先后来校跟岗学习。

第一节 解决教学问题的方法

(1)以往"产""教"各自为政,是"结合"而非"融合",难以真正实现人才共育,本书基于"产教内涵融合"理念,构建了 SPCH 四平台轮转培养机制,以期实现"职业素养合育"。

学校通过构建 SPCH 生态育人联盟,真正推动内涵式合育:基于 SPCH 生态育人联盟,校企专家共同制订人才培养方案,搭建了有机平台运作模式,达成了"合育"目标;基于四平台有机轮转,形成了"观摩与体验—参训与辅助—实践浸入"三段进阶模式,帮助学生形成对酒店的认知、对酒店文化与管理制度的深度理解,促使学生全面提升自身能力,进而向精英"酒店人"转化;构建三向导师交互机制,即理论教师兼职(与学生"三同"——同做、同训、同反思)、附属酒店骨干进课堂(三课——听课、备课、授课)、企业专家驻校(双进——企业内训式课程开发、授课);建立基于学生发展的常态化联席会议制度,定期对课程、学生发展等进行研讨、反思。

(2)针对既有人才培养主体单一,缺乏协同育人模式,酒店人才所需多维素养难以实现有机融合的问题，学校构建了产、训、赛、证、学"五维协同"超融合人才培养模式，解决了实现学生多维能力与素养高水平"聚合"的问题。

形成了产、训、赛、证、学"五维协同"超融合人才培养模式，推动了学生多维素养"化学反应式"发展。项目基于"五维协同"超融合人才架构，力求实现多维素养的有机融合，即立足酒店产业（I-Industry），提炼行业核心岗位用人标准，形成酒店管理核心岗位人才能力模型；基于反思式、沉浸式、场景化学习（L-Learning），发展素养与积累经验；基于OBE理念的训练（P-Practice），以场景式任务驱动，推动学生能力发展；围绕行业"1+X"证书体系和高水平酒店自主认证两个认证系统（C-Certification），开展能力素养培育；以多维素养"化学反应"为导向，立足系列酒店赛事（C-Competition），基于观赛、析赛、学赛、备赛与参赛，实现学生多维能力与素养高水平"聚合"，达成"质的飞跃"。

（3）针对既有课程体系，结构松散、内容过时，难以匹配行业需求的问题，学校以"理论实践有机互融"为原则，推动课程系统改革。

学校以"理论实践有机互融"为原则，推动课程系统改革，以解决上述问题。通过课程"模块化"建设，实施"双师"教学模式，如将"客房服务与管理"等课程分为理论学习、案例研究、实践体悟与反思等模块，实现理论与实践的交融、体悟与反思的互促，实现理论与实践的"内涵式"互通；通过构建伴侣式课程体系，推动高水平企业（课程）进课堂，实施了"工作手册课程化""（企业）内训讲义课程化"两项工程，建成了结构化、体系化的校本企业化课程，有效解决了实践"理论性不足"和课程"实践性缺失"问题，课程内容动态调整，紧密对接企业用人标准；基于酒店日常的文化需求，以校企合作方式，开发了线上"酒店人文"微课程体系，结构化提升学生人文素养，培养符合酒店行业需求的高素养高技能人才。

（4）针对既有实践教学模式忽略酒店人才能力培养阶段性、忽视企业对"一岗多能"人才的需求等问题，学校进行了导师伴随、分层进阶、基地轮换+轮岗的实践课程化创新。

学校立足产教深入融合，构建有机互通框架，设计了分层、进阶、轮岗课程化实践，并注重发挥导师"跟随指导"作用。采取"导师+教练"模式（导师为学校教师和酒店高级管理人员，教练为优秀酒店管理人员），全程跟随指导；设立了层层递进的实践课程，注重"反思发展"，推动学生能力的进阶式发展，实现"为理解而做"。实践课程分为四个阶段，即附属酒店观摩与体验、企业学院内训与体验、企业学院实践（辅助性工作）、导师指导下独立承担酒店企业岗位实践四阶段。四阶段皆有"课程大纲"和"评价标准"。课程学习过程中，基于"日清日高"理念，在导师指导下开展集体反思与个体反思，实现能力与素养的螺旋式发展；采取基地轮换+轮岗制，学生在高级快捷酒店、大型国内四星以上酒店、国际化大酒店轮换实习，并在服务岗、管理岗进行轮岗，基地轮换+轮岗制实现能力结构化发展，突显"一岗多能"培养策略。

　　为顺利推进全程工学交替人才培养，学校成立了以学校为主体、校企融合的旅游类专业校企合作联盟，制订了互惠互利、优势互补的工作方案，让企业真正参与学校的教育教学工作。每学期召开联盟工作会议，融合学校教学逻辑与企业运营逻辑，共同修订人才培养方案、共同管理教学过程、共同考核教学成果，使人才培养工作成为双方的共同任务。校企共建生产性实训基地，对接行业岗位要求，重新规划校内外实训基地建设，使其成为全程工学交替人才培养模式的主要载体。一是自建并管理四星标准的镇江听鹂山庄酒店有限公司和中旅营业部，确保全程工学交替人才培养模式实施。二是投入730万元人民币，新建、改建15个专业基础技能实训室，满足学生技能学习需要。三是通过市场调研，选定12家酒店企业为实施全程工学交替人才培养的校外合作企业，提高学生的岗位技能，为学生企业学习奠定基础，保驾护航。以校内外实训基地为载体，构建了"基础技能实训—校内生产性实训—校外企业实训—顶岗实习"的实践教学体系。建立人员互派制度，组建校企合作教师团队，校企之间互派人员挂职、顶岗实践，强化了校企文化的交流与渗透。全过程实施多元评价，完善工学交替评价体系。一是评价主体多元化：将学生、学习小组同伴、专业教师、企业指导老师、班主任、企业管理人员等纳入评价体系。二是评价形式多样化：建立顶岗实习评价档案，实行多元发展性评价。三是评价内容全面化：理论考核与实践考核相结合、学校考核与企业考核相结合、单一岗位技能考核与酒店企业多岗位技能考核相结合。

第二节 成果的创新点

（1）育人机制创新：运用教育生态学理论，构建 SPCH 四平台生态育人联盟。

以"有机互通""科学合育""高效协同"为基本理念，以教育生态学理论为指导，构建了 SPCH 育人生态联盟，创新了校企合育模式。将校属酒店作为内部客户、企业学院和实践基地作为外部客户，内部客户基于协商制度、外部客户采取招投标制度，实现了契约化运行，保证了校企共育真实、有效推进。

（2）培养模式创新：触发关键节点，共振育人全链，构建产、训、赛、证、学"五维协同"育人模式。

产、训、赛、证、学为育人全链上的关键节点，彼此互联互通，密切关联。本模式以节点项目为触发，辐射全链，各节点同频共振，形成超融合人才培养架构，实现了多维素养培育的有机化。立足酒店产业，提炼行业核心岗位用人标准，形成酒店管理核心岗位人才能力模型；基于生态联盟，让学生利用课堂教学、案例研讨；基于反思式、沉浸式、场景化学习，发展素养与积累经验；基于 OBE 理念，以场景式任务驱动，推动学生基于酒店实务的能力发展；围绕行业"1+X"证书体系和高水平酒店自主认证两个认证系统，开展能力素养培育；以多维素养"化学反应"为导向，立足高规格、高覆盖、高含金量的系列酒店赛事，基于"五赛"（观赛、析赛、学赛、备赛、参赛）模式，推动学生多种能力的"化学反应式"飞跃。

（3）课程体系创新：关注人才培育全阶段，以学生专业发展为主线，建立全程导师伴随下"伴侣式"课程体系及进阶式实践课程。

实施课改工程，实现了企业课程进课堂、学校课程"双师化"及文化素养课程微型化、主题化与运用化目标。以实践与理论交融、学校育人与企业育人"协同"为理念，依托课程与教学改革，"产教融合""工学结合"的内涵得到了丰富。全程导师伴随实现了三向导师交互机制，构建了理论教师"三同"兼职与指导机制、实践导师"三课"制度、企业学院专家"两进"机制和三导师的联席会议制度。

第三节 成果的校内实效

(一) 专业的社会影响力提升

学校酒店管理专业被认定为江苏省职业教育现代化专业群（首批唯一）、江苏省职业教育高水平示范性实训基地和现代化实训基地。为镇江市旅游专业教科研基地，并获得镇江市职业教育第三届先进教科研中心组（教科研基地）（排名第一）；被认定为镇江市高技能人才培养基地。2017年7月，省教育厅厅长葛道凯视察酒店实训基地，对实训基地的建设给予充分肯定。

(二) 学生培养成效显著，用人单位、家长均高度赞誉

就业率连续四年100%（含学历深造学生），就业单位为喜来登、万豪、凯悦、华住等知名酒店集团。90余名学生（占毕业生近30%）已成为领班、主管、大堂经理等。获全国职业院校技能大赛一等奖3个，省职业院校技能比赛一等奖7个、二等奖17个。获全国文明风采大赛一、二等奖各2个，省赛一等奖12个，居省同类专业前列；27名学生被评为省市"三创"学生，1名学生获江苏省"青苗状元"称号（全省迄今唯一），学校被江苏省人民政府表彰为"高技能人才摇篮奖"。指导企业员工获书香酒店集团、华怡明都酒店管理集团技能竞赛一等奖等。

(三) 课程建设效果突显

近5年，校企合作建设了18门酒店专业课程、素养课程、拓展类选修课程，并建立了相应的课程标准；编写出版了10本专业教材，已累积开设32门次；校企合作建设企业内训课程4门、工作手册课程3门、人文素养微课程（线上课程共24个主题）。学生评教成绩在优秀等次以上者达97%。

(四) 形成了一支结构科学、素质优秀、优势互补、共同发展的专业教师队伍

基于"课堂—企业"的理论实践对接模式，学校酒店专业教师业务成长迅速；基于"双进"机制，形成了一批由知名企业教师、实践导师组成的行业导师队伍。连续三年获得省职业院校教学大赛一等奖第一名（表8-1），2名教师获得省职业院校技能大赛教师组一等奖，3名教师获得省"五一创新能手"、省"巾帼建功标兵"、省"青年岗位能手"荣誉，1名教师获得"江苏省教学名师""镇江市有突出贡献中青年专家"称号，教学团队被省教育厅认定为教师教学创新团队培育对象、省职业教育名师工作室及江苏联合职业技术学院优秀教学团队。

表 8-1　教师参加全国、省教学大赛成绩

项目	比赛时间	名次	参赛教师
省教学大赛	2017.07	一等奖第一名	周书文
省教学大赛	2018.07	一等奖第一名	贾琳珊、周书文、潘俊
省教学大赛	2019.09	一等奖第一名	高远、茅蓉
全国教学大赛	2019.11	国赛二等奖	高远、茅蓉、王裕城、黄磊

（五）创建了优质的校内外实训基地

通过努力，建成了明都大饭店企业学院，同时还与喜来登、华住的培训部形成了企业学院意向性合作计划。建成了校内生产性实训基地及喜来登、皇冠假日、凯悦等 10 余个校外高水平实践基地，学生能够在高品质酒店实习，并通过内部系统实现轮岗。承办了省第四届状元技能大赛酒店服务比赛。

（六）形成了一批高质量科研成果

该成果相关研究被立项为江苏省教育科学"十三五"规划课题、省职教学会课题等省市课题 7 项，发表相关论文 18 篇（表 8-2），出版 1 本专著，本培养模式创新入选国家"万名旅游英才计划"。

表 8-2　课题组发表论文

作者	发表文章	杂志
潘俊	旅游管理专业人才培养模式优化——基于"全域旅游"视角	江苏教育
	酒店管理专业生产性实训基地的运营研究	中国职业技术教育
	"全程工学交替"人才培养模式的实践研究——以五年制高职旅游管理专业为例	江苏教育研究
茅蓉	基于"网络在线评论"的酒店服务质量控制和线上口碑研究——以镇江万达喜来登酒店为例	镇江高专学报
	镇江高星级酒店实习管理模式探索	镇江高专学报
	中高职酒店专业实习生管理实践	镇江高专学报
	镇江高星级酒店中高职实习生现状调查与分析	镇江高专学报

续表

作者	发表文章	杂志
俞樱	经济型酒店人力资源管理的可行性路径探析	延边教育学院学报
	以镇江为例的中小城市经济型酒店顾客入住影响因素的探析	太原城市职业技术学院学报
	以咖啡社团为依托培养学生创业创新能力的实践研究	太原城市职业技术学院学报
	"互联网"背景下的高职学校旅游类专业人才培养模式研究	佳木斯职业学院学报
贾琳珊	酒店管理专业发展趋势研究	人力资源管理
吴玮	酒店有形服务产品的现状与对策研究	现代经济信息
	高职旅游管理专业毕业生就业问题探析	才智
周书文	镇江高等职业院校旅游管理专业群设置调研报告	佳木斯职业学院学报
李坚	从抖音看短视频对旅游营销的价值	太原城市职业技术学院学报
	中等职业教育旅游专业课程设置的问题与对策研究	度假旅游
	信息化助推智慧旅游的重点与策略	齐齐哈尔师范高等专科学校学报

（七）为校内专业人才培养提供借鉴

学校旅游管理、商务英语、电子商务、广告设计等专业也借鉴本成果进行人才培养模式改革，专业建设均取得了较大的进步。

第四节 成果的校外推广

（一）本成果多次在省级教研活动中做经验交流

先后在全国旅游骨干教师培训班、江苏省教师教学能力提升高级研修班、江苏省职业教育"文化寻宝"活动、江苏省旅游专业负责人培训班等教研活动中进行经验交流，并在福建、宁夏、安徽、河南、西藏及省内南京、淮安等地教师培训班上开设专题讲座，受到各方好评。

（二）课程建设成果被广泛应用

开发的课程及课程标准、主编出版的教材被江苏联合职业技术学院采用，并推广至江苏联合职业技术学院相关分院、办学点、福建、西藏等地职业院校酒店专业采用相关课程。

（三）新闻媒体多次宣传报道

中央教育电视台、江苏电视台教育频道、《中国职业技术教育》《江苏教育》《江苏教育研究》等杂志对学校酒店专业进行过宣传报道；建设成果被收入江苏联合职业技术学院质量年报；镇江电视台曾制作专题节目报道酒店教学团队。

（四）成果被多家国内兄弟学校借鉴

学校酒店专业先后接待了全国 50 余批学习考察团队，福建、新疆同行教师先后来校跟岗学习。

第五节 研究结论

通过对江苏联合职业技术学院酒店管理专业实施的全程工学交替人才培养模式案例的改革研究，职业院校酒店管理专业采取全程工学交替人才培养模式，将理论和实践相结合，能够真正实现教育教学目标，学生的理论知识学习掌握更为容易，实践技能进一步增强，职业素质得以进一步提升。实施过程中通过企业的全程参与，推动学校在人才培养方案的制订、课程建设、教材建设、师资建设、实习实训基地建设等方面取得了更大的成效，特别是解决了学校兼职教师和实习实训基地不足的问题。学生的学习在充足的实习实训基地支撑下，加之以企业兼职教师和学校教师的精心指导、企业文化的熏陶，学生的综合职业能力得以大幅提升，学生毕业后实现了零距离上岗，职业成长空间进一步拓展。教师在实施全程工学交替人才培养模式的过程中得到了实践锻炼，逐渐成长为"双师型"教师，打造出了校企合作教学团队。企业也解决了员工培训和优质员工缺乏的问题。因此，实施全程工学交替人才培养模式是职业院校酒店管理专业提高人才培养质量、提高教师的教学科研能力及社会服务能力的有效方式，是能真正实现"校企生三赢"的有效手段。

第六节 研究反思

虽然取得了诸多成果，但课题研究仍存在诸多遗憾：课题研究的阶段性报告和相关论文还不够翔实、课题研究的覆盖面还不够广泛，存在取样不全面，调查不够充分的缺陷。尤其在以下方面需要进一步完善。

（一）学校应发挥办学主导作用

在校企合作推行全程工学交替人才培养模式过程中，应明确学校的主导地位。在涉及工学交替课程计划、学生管理等问题时，校企双方应以学生学有所获为目标，强调"全程"，而不仅仅是最后一年的实习。工学交替工作应由学校统筹协调安排，避免盲目适应企业要求、过度删减文化基础课程和专业基础课程、忽视对学生综合能力的培养、降低人才培养质量的行为，防止半工半读成为"只工不读"，勤工俭学成为"勤工即学"，使工学交替人才培养渐入良性发展，走上健康轨道。坚持学校主导作用是落实职业教育公益性的根本要求，是满足现代社会人才培养需求的基本路径，是发挥学校教育优势的内在需求。学校作为教育专门机构，具有长期积淀的教育优势，包括专业的师资优势、相对系统的人才培养优势、丰富的教育资源优势等。应在政府和教育部门的统筹下，以学校为主体依托学校现有教育资源，学校资源与企业资源的整合，着力完善"行校企"多边合作机制，吸收新理念、形成新模式，共同培养现代职业教育人才。

（二）企业应扮演好办学主体角色

企业参与办学是经济社会发展的必然要求，是职业教育办学的根本规律，是自身创新发展的内在诉求。全程工学交替人才培养模式的根基是"多元合作、双主体育人"，"双主体"指的是学校和企业，只有企业方从单纯的"用人"上升到合作"育人"，才能确保"全程"培养不致流于形式。职业教育起源于生产劳动，企业参与职业教育并发挥主体作用是由职业教育的属性、特征、运行机制等决定的，同时也是企业自身内驱力量及外部推动力量共同作用的结果。

（三）构建全程工学交替人才培养模式的实施保障机制

学校构建开放式的运行保障机制。构建开放的教学体系，做到"五对接"，建立适应合作要求的评价考核体系，学校和企业全方位的配合。企业构建利益保障及约束机制。建立"谁投入，谁受益"的利益保障制度，"谁使用，谁负责"的长期培养保障制度，"谁参与，谁宣传"的企业文化融入负责制度。学生管理方面构建"企业准员工"管理制度。制定融入酒店企业文化的《学生手册》《校园文化管理制度》《寝室文化管理制度》等。将企业文化作为学生的必修课程，并与校园文化和校园生活对接，让企业文化融入学生的校园生活。政府建立完善的法律法规支持体系，完善法律政策体系，提供法制保障。政府应对现有的教育法规进行补充和完善，构建一套详尽的、操作性强的法律保障体系；成立专门机构，提供组织保障。

第九章 相关院校工学交替人才培养模式的实践案例（摘要）

> **实践材料一**

山东旅游职业学院与广州南沙大酒店共同合作，开发了校企贯通培训要点数据库。该数据库贯穿企业学习要点和校内学习要点，覆盖所有实习岗位。通过这一数据库的建设，实习生在企业实习时不再是简单地重复体力劳动，而是按照循序渐进的原则掌握各类培训要点。以中餐宴会培训要点为例，实习生在进入酒店的第1—3个月，学习普通宴会的知识，共10个要点；第4—6个月，学习商务宴的知识，共16个要点；第7—9个月，学习婚宴的知识，共19个要点；第10—12个月，学习谢师宴的知识，共24个要点。

继开发"校企贯通培训要点数据库"之后，山东旅游职业学院又尝试将培训要点与课程内容进行对接。首先，选取了酒店管理专业"餐饮管理"课程试点，将中餐培训要点数据库中校内学习要点与之进行对接，并逐步开发适用的新型餐饮类教材和学生自学所用的微课程视频。从目前来看，这种校内试点比较成功，学生觉得学习的内容比较贴近行业，教师也觉得讲的内容比较鲜活，教学资源也更加丰富。

为了提高学生在实习期间的学习效果，广州南沙大酒店开发了LAND-OW这款软件，以完整记录学生培训学习全过程。每位相关的学校的老师可以获得一组账户名和密码，在校即可登录系统实时了解实习生培训的进展和考评成绩。[1]

在工学交替人才培养模式实施的过程中,学生在学校和酒店之间交替进行学习,他们的角色在学生和准员工之间进行转换。依据专业人才培养方案,在第一学年:开设专业认知实习课程,为期1周,在合作企业进行,通过专业认知实习使学生了解酒店行业的现状;同时,开设公共基础课、文化艺术课、行为养成课和专业平台课,这些课程在校内完成,通过这些课程的学习,使学生掌握酒店管理的基本理论知识,具有一定的文化素养。在第二学年:开设企业实践课程,为期12周,在合作企业完成,通过企业实践使学生掌握酒店基本服务技能;同时,开设个性发展课、文化艺术课、行为养成课和专业平台课,这些课程在校内完成,通过这些课程的学习,使学生掌握酒店管理的基本理论知识,不断提升自己的文化素养。在第三学年:开设毕业顶岗实习课程,为期18周,在合作企业进行,通过毕业顶岗实习对学生进行综合能力培养;同时,开设专业核心课、专业拓展课和创新创业课,在校内完成,通过这些课程的学习,使学生掌握酒店管理的核心理论知识,培养学生的创新和创业意识。

这样,每学年都进行1次"学校—企业"的循环,形成"工学交替"的办学特色。这种模式以理论知识做铺垫,将能力培养贯穿于人才培养的全过程,逐步提升学生的综合素质和专业技能。[2]

实践材料二

金陵晶元大酒店积极配合推进"工学结合"教学模式。金陵晶元大酒店为配合"工学结合"教学模式做了许多推进工作,除了在酒店内提供住宿外,还在酒店对面的南京电大租了一个教室,南京旅游职业学院的教师定期到教室讲课。2010级成高酒店管理班,共40人,大一期间在江宁大学城学院本部上课。大二上学期每周在南京电大的教室上四个半天,上午8:00—10:00在电大上课,11:00到金陵晶元用餐,11:30—14:00

---

[1] 魏凯,刘正华. 产教融合视域下高职酒店管理专业人才培养实践探索[J]. 中国成人教育,2015(11):77-79.

[2] 问建军,汶录凤,赵辉,等. 高职酒店管理专业"工学交替"人才培养模式存在的问题与对策[J]. 延安职业技术学院学报,2018(03):83-89.

上班。

首先，租用离酒店很近的、江苏电大的专用教室供学生上课，专门增添多媒体等办公设备，落实"工学结合"的各个环节，在学生正式上课后，酒店设定人员专门配合校方，连续一月有余跟踪监督学生学习生活情况，早八点晚八点分别走访教室和宿舍，确保学生安心学习，使其能够及早适应酒店环境和培训氛围。

其次，酒店根据学院的校务课时安排，也安排了一系列的课程，首先安排入职前公共知识、酒店基础知识、岗前培训各一周，再根据各位同学的具体情况合理安排岗位和班次，确保学生在学习中见习，在见习中学习，理论与实际相结合。

再次，关注学生在工作岗位上的动态，使实习生感到酒店可以信赖，增添他们的归属感，同时，因人施教，放手去做，真正让学生在实践中不断磨砺自己。

最后，组织学生参加酒店的各项活动，提高学生工作积极性。金陵晶元大酒店考虑到实习生以往待遇低的因素，采取积极的办法充分调动学生的积极性。除了工作期间发工资外，参与活动与合同工一样予以奖励。年终总结会上，除优秀员工发言外，也请一位优秀的学生发言。组织活动时，还选出一位学生当主持人参与表演。[1]

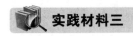
实践材料三

构建"分段进阶式"现代学徒人才培养模式

依托教学酒店，南京旅游职业学院将充分发挥校企双元育人主体作用，构建"校店一体、理实一体和工学交替"相互融通的三环体系。学校将按照"学生、学徒、准员工、员工"四位一体的人才培养总体思路，实施"单项技能训练→综合技能训练→岗位生产操作→多岗生产轮训"的四层递进教学模式，实行三段式育人（学生→学徒，学徒→准员工，准员

---

[1] 方向红. 关于加强校企合作、实现工学结合教学模式的探索：以南京旅游职业学院和金陵晶元大酒店的成功合作为例 [J]. 商场现代化, 2012 (22): 140-141.

工→员工）和三阶段师资培养（教师→师傅，师傅→教练，教练→导师）机制，打造分阶段能力培养的现代学徒制人才培养模式。学校在实施工学交替教学模式的基础上，推进"三室"（教室、实训室和创新创业工作室）学习和"三岗"（识岗、跟岗和顶岗）实践，分阶段培养学生的职业素质、服务技能和基础管理能力。提升教师的实践教学能力、产学服务能力和协同创新能力。形成教师与师傅、学生与员工、课堂与店堂、课程标准与岗位标准、教学过程与工作过程的"五合一"分段进阶式的现代学徒人才培养模式。

校企联合招生

学校将"御冠实验班"列入年度招生计划中，通过紧密型现代学徒制，即先招工、后招生的方式，学校与酒店签订合作培养协议，对酒店现有具备参加高考资格的员工（含签订用工合同的应届毕业生）通过单独招生（自主招生）的方式进行招生。

构建"课岗、课证融通"的课程体系

现代学徒制酒店管理专业课程体系应按照酒店工作任务与工作流程对教学内容进行重构，形成涵盖职业素质课程、专业技术基础课程、岗位职业技能课程等课程体系。

双导师培养，学徒在岗成才

学校和酒店应实施"一师一企"制度（一至五名教师入驻酒店），组织同专业教师赴对应旅游企业定期挂职锻炼，提高自身实践教学能力，并为企业提供技术研发与员工培训等服务。与之相对应，企业派出师傅进驻校园承担部分专业课程教学与实践教学任务。[1]

2016年，青岛职业技术学院酒店管理专业联合喜达屋国际酒店集团

---

[1] 汪亮. 校店一体化现代学徒制酒店管理专业人才培养模式创新策略[J]. 江苏商论，2016（11）：10-12, 19.

成功申报了省市两级现代学徒制试点项目，遂创设了全程学徒、工学交替的新型人才培养模式，探索实施了师傅带教、分阶考核等一系列教学改革。

将学生的三年培养划分为四个阶段：认知性学徒、业务性学徒、综合性学徒和提升性学徒。

第一阶段：认知性学徒——行业认知与职业理念塑造

第二阶段：业务性学徒——职业基础知识与技能学习

第三阶段：综合性学徒——职业综合能力生成

第四阶段：提升性学徒——岗位能力提升与毕业设计

A+B 教学是指学校专职教师为 A 角，企业兼职教师为 B 角，校企联合开展教学，即在某一门专业课程的讲授过程中，校企双方共同派出教师，科学分配各自讲授的学时，双方集体备课、联合讲授同一门专业课。

喜达屋国际酒店集团将员工培养分为 10 个级别，为体现全程学徒的培养理念，主要采用其 2 级（员工）、3 级（领班）、4 级（主管）的岗位标准，形成专业人才培养考核的三级资质认证标准：服务岗位资质认证标准、领班资质认证标准和部门主管资质认证标准。然后根据不同级别的岗位能力需求，校企双方共同制定了针对学生（学徒）的分阶培养考核体系。每个阶段都有相应的专业课程，学生（学徒）需通过考核方可获得相应的资质认证。考核由学生（学徒）师傅、校内导师，以及第三方评估机构共同实施。学生毕业时可获得两种证书：大学毕业证书，喜达屋资质认证证书。[1]

实践材料四

在实施过程中，充分考虑学徒的各项权益。校企双方在招生面试前，企业和学校召开宣讲会，说明企业的情况、学徒的培养方式、培养目标和学徒的权益保障；学徒的权益以协议及合同的方式进行保障，学徒在签署"企—生"双方合同之前，学徒和家长有充分的时间进行考虑；企业为学徒购买相关保险，享受与正式员工相当权益，学徒在企业学习期间，享受

---

[1] 赵迁远. 酒店管理专业"全程学徒、工学交替"人才培养模式改革实践［J］. 邢台职业技术学院学报，2018（02）：14-18.

实习补贴；校企为学徒配备了专门的校方班主任和企业方班主任，全程关注学徒的学习、生活及心理情况；校企双方为每位学徒配备了双导师，指导学徒的学习和技能学习；酒店为学徒制定职业生涯发展规划，将学徒作为企业的基层管理者进行培养，关注学徒的职业可持续发展。[1]

长短学期制

改变传统的单一学期制，根据酒店企业经营的淡旺季特点，在第二、三学期实行长短学期相结合的模式。以喜达屋校企合作订单班为例，长学期为10周，在此期间，学生主要在学校进行课堂基础理论知识模块的学习；短学期为6周，在此期间，学生主要在企业进行实践见习模块的学习。短学期期间，将课堂搬到酒店，学生边学习边工作。在全真企业课堂中，采取"3+2+2"模式，即学生每周在酒店学习专业实践课程3天、学习理论课2天、休息2天。在短学期每周3天的专业实践课程学习过程中，酒店为每位学生设定岗位模块并循环流动，实行"岗位即课程"的实践模式，且酒店对学生的企业实践模块成绩进行考核。在短学期每周2天的理论课学习过程中，由学校教师和酒店导师共同承担授课任务，且充分利用酒店的全真环境进行授课，以提高教学的实效性。

三课堂融合制

三课堂融合制：即第一课堂侧重于酒店管理专业的理论知识教学；第二课堂侧重于培养学生的综合素质；第三课堂以职业技能的培养为核心，注重学生实操能力的训练。以千岛湖校区校企合作订单班为例，学生的第一课堂既在学校教室开展，又在酒店前厅、客房、餐厅或后台进行；第二课堂既有学校的各类社团活动，又包含酒店的企业文化活动、主题节庆活动、员工文娱活动等；第三课堂则包括学校的职业技能辅导、大赛、考证等，还有在酒店进行为期10个月左右的岗位实习。第一课堂搬到酒店、第二课堂融入酒店、第三课堂扎根酒店，通过"三课堂"的深度融合，从

---

[1] 刘玲. 现代学徒制试点改革实践初探：以阳江职业技术学院酒店管理专业为例 [J]. 当代教育实践与教学研究，2019（24）：73-75.

而实现学生"理论+素质+技能"一体化发展。

师资混合制

改变传统的专、兼职教师一体的教师聘用模式,一方面,学校专兼职教师负责学生课堂理论模块的教学,酒店管理人员负责学生企业实践模块的教学,并由双方共同考核评价;另一方面,实行"行业导师制",企业导师或高管赴学校定期开展讲座,进行企业文化、职业技能等方面的培训、授课等,每位行业导师可结对5名左右的学生,企业导师则从学生入校起就开始在学习、生活、见习、实习、就业等各方面给予指导和帮扶。

能力渐进制

着眼于培养国际星级品牌的酒店高级服务人才和中基层管理人才。具体来说,学生在第一、二、三学期主要进行职业认知与体验、酒店基本知识和技能的学习;第四、五学期主要进行酒店企业顶岗实习、职业技能提升的实践学习;第六学期则返回学校,主要进行酒店管理能力和综合素质的提升。该模式分为酒店职业素养和技能学习、教学实训、酒店顶岗实习、酒店管理综合素质提升等几个阶段,突出学生专业知识与职业能力逐渐提高的过程,让学生在"学中做""做中学",以逐步提升学生的职业意识、职业道德和职业能力。[1]

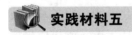
实践材料五

实施"全过程现代学徒制"的人才培养模式

全程现代学徒制育人模式,注重工学交替校企"双主体"育人,注重学校理论学习与企业实践应用的有机衔接,培养出来的人才符合行业企业

---

[1] 张慧彦.高职酒店管理专业"全真渐进性"人才培养模式的探索:以浙江旅游职业学院千岛湖校区为例[J].开封教育学院学报,2016(11):205-206.

要求。

第一阶段，岗位认知。一年级，通过酒店师傅开设的优秀企业文化、企业未来发展前景讲座，本校优秀毕业生成功案例分享，学校教师带领学生参观酒店等方式，校企共同实现学生对酒店行业的岗位认知。

第二阶段，岗位体验。二年级，通过"一课双师"、角色扮演、生产性实训、跟岗实习等方式，校企共同实现学生对酒店行业的岗位体验。通过体验，使学生对酒店行业有更加深刻的了解，培养了学生对酒店行业的职业情怀。

第三阶段，岗位融合。三年级，通过"双导师"制、顶岗实习等方式，校企共同实现学生能力与酒店岗位要求的融合。通过岗位融合，使学生真正体会到做酒店人的骄傲与自豪，进一步加深学生对酒店行业的热爱与忠诚。

这种全程校企"双主体"育人模式，可以实现学校、企业、师生多赢。

构建突出职业素质养成的"平台+模块"课程体系

现代学徒制培养方式改革，重要的工作是构建适合现代学徒制的课程体系，采用模块化教学。经校企双方共商，构建了素质平台课、专业平台课和素质拓展模块、专业拓展模块。

岗位认知阶段，学校提供素质平台课，行业认知、岗位认知、酒店概览、单一技能训练等课程由校企共同负责完成。

岗位体验阶段，学校提供专业平台课，校企共建专业拓展课。学徒在酒店进行酒店产品知识、城市信息、待客之道、酒店信息化、酒店服务基本技能等方面的学习。专业拓展课包括酒店个性化服务、酒店运营、酒店质量控制等系列课程。实行一课双师制，即由在校教师与企业师傅共同授课。

岗位融合阶段，学徒的学习地点由教室变为酒店，授课以企业师傅为主、学校教师为辅。在酒店内进行服务素质提升、管理素质培养、综合素质拓展等系列课程学习。在岗位融合阶段，学生能够独立顶岗工作，是名副其实的准职业人。[1]

---

[1] 陈增红，冯英梅. 高职酒店管理专业实施全程现代学徒制探索：以山东旅游职业学院为例[N]. 中国旅游报，2018-7-4（4）.

实践材料六

第一阶段（第1学期）：此阶段以入校学习为主。学生入学后，即与合作酒店签订就业协议，进入某企业冠名的订单班。本学期主要是学习教育部层面规定的公共基础课程和通识课程，还会开设1—2门的专业基础课，了解行业概况、行业岗位特点和要求，还有一周以内的下企业认知实习。

第二阶段（第2学期）：以学校为主的职业技能训练。对一些实操性的课程，可采用"12+6周"长短学期制，12周在校实训室练习，6周在酒店真实的工作环境中实践教学。学生通过前12周的校内实训室的练习训练，已经具备了基本的岗位职业能力和素养，到了岗位之后，适应能力更强，更能尽快上手。职业技能训练标准依据国家职业标准，由企业和学校教师共同商讨制定。

第三阶段（第3、4学期）：以学校为主的核心课程学习。经过短暂的酒店岗位实习之后，回到学校集中学习专业核心课程，开发心智技能，完成关键能力的培养。学徒实践学习，主要针对专业核心课程的理论部分在4周之内在学校集中上完，实操内容放在酒店，在14周内由经验丰富、德高技精的企业师傅带领学徒通过"轮岗"在酒店真实环境和具体岗位学习。

第四阶段（第5、6学期）：综合职业能力培养提升阶段。该阶段由经验丰富、德高技精的企业师傅带领学徒通过"轮岗"在酒店真实环境和具体岗位学习。该阶段学生作为"准员工"身份，享受带薪实习，享受准员工的相关福利待遇。也是学生（学徒）全面认识酒店，全面衡量自身毕业后是否适合在酒店行业发展的关键过程。

课程体系分为四个模块："专业基础平台模块""专业核心能力模块""专业素质拓展模块""学徒专业实践训练模块"。根据行业的用人需求，在四个模块的课程安排上做了一些灵活的处理。"专业基础平台模块"主要培养现代大学生的理想信念和价值观，创新创业基本常识和理念；主要培养学生（徒）掌握服务业管理类岗位共同需要的基本理论和常识，让学生了解并掌握现代服务业的基本情况，培养基本的职业素养。"专业核心能力模块"主要培养学生（徒）掌握酒店企业核心岗位的技术技能，侧重专业核心课程，强化学生的策划和设计能力。"学徒专业实践训练模块"

课程突出学生的咖啡、调酒技能。咖啡、调酒和茶艺是我院酒店管理专业的优势,有优越的实训设备、资源和师资,而且传统的摆台、做床等酒店操作技能对现在的学生是缺乏吸引力的,而咖啡、调酒能够满足年轻人对小资情调的追求,学生兴趣很高。"专业素质拓展模块"主要针对学生的职业生涯发展,学生会根据自己的职业生涯规划和兴趣爱好,选修一些课程,如"花艺""导游实务""新媒体技术与营销"等课程,拓宽视野,开阔思路。

为酒管(艾迪英才)班学生量身定制人才培养方案,采取"0.5+0.5+2"模式,即学生第一学年的第一学期在学校完成基础课程与专业认知实习,第二学期赴海外完成相关专业课程的研修学习,通过学分互换修得相应学分,同时取得相应国际资格证书;从第二年开始进入"店中校"——艾迪花园酒店,工学交替,完成专业核心课程、项目课程和考工考证,并在"师傅"指导下进行轮岗实训和顶岗实习。整个方案以学生能胜任企业岗位为目标,从专业要求、行业需求、人才培养过程等多方面、多维度进行设计,突出阶梯递进,注重系统育成,充分发挥企业"师傅"在实践育人中的作用,在校企双导师指导下,在企业师傅的带教下,通过工学结合、工学交替、分段培养、全面育成。

无锡城市职业技术学院还首创引入系列国际资格证书,使用国际资格考证培训教材,并将其融入教学过程中。校企合作育人,教学内容改革成效显著,累计多名学生通过培训考核取得了英国 City & Guilds 组织颁发的"国际餐饮及服务业销售资格证书"和 WSET 初级品酒师的资格证书。此外,通过在海外的学习,艾迪英才班的学生还考取了国际咖啡师、调酒师、餐旅管理师等国际职业资格证书。对接职业标准的同时,开拓了学徒制班级学生的知识面及眼界。

校企双方共同成立了惠山校区学生事务管理管委会,负责校区的教学和日常事务。管委会负责人由校企双方领导人担任,统筹校区建设与管理,全面落实各项教学安排,校企双方共同管理艾迪学徒。艾迪英才班实行双班主任制,企业班主任由人力资源总监担任,具体负责学生实践和生活管理,学校班主任由酒店管理专业骨干教师担任,负责具体的教学和班级管理。

实践材料七

基于产教融合的校企行"多元融合"模式探索

自国家示范建设项目实施起,南宁职业技术学院酒店管理专业团队就一直在实践中探索工学结合的专业教育模式。2015 年,该专业又获得广西壮族自治区示范特色专业及实训基地建设项目立项,专业教学团队认真总结此前的"校企双向全程介入"人才培养模式经验,将明仕山庄管理团队引入到校内金葵实训酒店,校企双方在校内共建真实运营生产性实训酒店,将原来的"厂中校"模式拓展为"厂中校——校中厂"全程贯通,并深入开掘模式内涵,将原来的"送生入企"拓展为"送生入企——引企入校"的产教全面融合,企业员工与在编教师全员、全过程、全方位零距离参与人才培养,并立足合作酒店,构建了"见习—实训—顶岗实习"三级工学结合人才培养体系,全面推进产教融合人才培养模式升级。

融入国际行业协会的"1+X"证书改革

2017 年,南宁职业技术学院酒店管理专业正式加入美国饭店协会教育学院全球教育联盟项目(Global Academic Program),把全球最先进的旅游酒店职业教学体系、国际课程标准和教学资源引入酒店管理人才培养,推动专业教育与国际接轨。他们引进了美国饭店协会教育学院专业课程标准,通过"对标准""用课程"等途径,逐步实现核心课程标准与课程教学的国际化,并引进美国饭店协会国际化职业证书考试,将"1+X"制与国际合作融合起来。组织在校生考取美国饭店协会课程证书,为其今后进入国际酒店从业打开通道。

回归"因材施教"本真的按学情类型分班教学

改革实践中,酒店管理专业大胆尝试,根据新生素质类型分班培养改革。依据学生英语基础、职业发展意愿、职业形象等素质条件,与万豪集团酒店开设"融通式订单班"。校企共同定制万豪部门课程,开设万豪经理课程，万豪集团旗下酒店派遣部门经理"打飞的"到校授课。对于"2+3"中高职衔接学生，则根据其学情实际，单独制订人才培养方案，组织教学。为进一步提升办学水平，专业还与桂林旅游学院、万豪国际集团共同制订产教融合本科酒店管理专业人才培养方案，探索联合培养应用型本科专业人才。按分类编班施教，使职业教育回归因材施教的本真。[1]

实践材料八

1. 合理规划学习和训练时间，重塑学生和学徒的"双身份"

"双身份"是指学生和学徒双重身份。采用现代学徒制人才培养模式，学生既具有学生身份，同时也兼具学徒身份。在招生形式上，通常采用先学后训和学训交替两种形式。先学后训由高职院校主导，先招生再招工。学生首先在高职院校学习一年半，然后到酒店培训半年，再回到学校学习半年，最后再到酒店培训半年。而学训交替则将招生和招工同步进行，学生在高职院校学习和在酒店培训交替进行，每学期都安排在校学习和酒店培训任务，并根据教学任务的不同，合理安排二者所占比重。总之，不管采用先学后训还是采用学训交替模式，学生兼具学生和学徒"双身份"。学生在学校是学生身份，而在酒店则是学徒身份，并从酒店获得学徒岗位。这样既增加学徒归属感，同时也将学徒界定为"酒店的工作人员"，有利于调动酒店参与现代学徒制人才培养的积极性。

2. 立足工匠精神培养，开发以职业素养和职业能力为导向的"双本位"课程

"双本位"是指职业素养和职业能力。根据酒店行业对高职人才培养的需要和酒店行业人才培养标准，应用现代学徒制开展教学活动时，要注重对学生进行以职业道德、职业能力、职业品质为核心的"工匠精神"培养，并将职业道德教育、职业能力教育和职业品质教育贯穿于人才培养全过程。为此，九江职业大学文化旅游学院开发以职业素养和职业能力为导向的"双本位"课程。

---

[1] 吴言明，秦鹏. 基于多元融合的酒店管理专业人才分类培养模式研究与实践：以南宁职业技术学院酒店管理专业教育为例[J]. 南宁师范大学学报，2019（04）：142-147.

3. 提供多元就业机会,实现就业岗位和职业发展的"双选择"育人

"双选择"是指高职酒店管理专业学生毕业后,面临就业岗位和职业发展的选择。为破解酒店管理专业学生就业困境,解决酒店行业一线员工和基层管理人才招聘所面临的困局,高职酒店管理专业在现代学徒制人才培养过程中,注重为学生提供更多的就业机会和职业发展机会,打造"双选择"通道,满足学生就业和酒店行业人才招聘需要。在学生就业岗位"双选择"方面,主要包括酒店行业前台岗位和后台岗位,前台岗位主要有前厅部、餐饮部和客房部,后台岗位主要有人力资源管理部和销售部。"双选择"还包括学生的职业发展选择,主要包括酒店基层管理和酒店中高层管理。此外,高职院校还为学生进行国内学习和国外交流创造机会,为他们提供多样化选择,有利于学生寻找适合自己的工作岗位和职业发展机会。[1]

---

[1] 冯国华.高职院校酒店管理专业现代学徒制人才培养实践探索[J].北京经济管理职业学院学报,2018(04):46-50.

附录 1

"全程工学交替"酒店管理专业人才培养模式调查问卷（酒店填写）

尊敬的用人单位：

您好！

为了更好地服务社会，推动职业院校酒店管理专业的教学改革和人才培养工作，充分了解和听取用人单位对职业院校酒店管理专业毕业生综合素质的评价和建议，我们设计了本问卷，希望您能给予支持和帮助。谢谢！

单位名称：_____ 联系电话：_____ 电子邮箱：_____

联 系 人：_____ 通信地址：_____ 邮政编码：_____

填写要求：（1）请在您认为合适的选项上画"√"

（2）除注明（多选）外，其余均为单选

1. 目前这些毕业生主要集中在哪个层次_____。（多选，不超过三项）

   A. 服务员　　　B. 领班　　　C. 主管　　　D. 经理

2. 贵单位与学校合作的方式是_____。（可多选）

   A. 订单式　　　B. 顶岗实习　　　C. 全程工学交替　　D. 项目驱动

   E. 其他_____（请注明）

3. 贵单位希望通过上一题所选的合作方式与学校共同培养什么样的人才_____。

   A. 专业能力强

   B. 有较强的服务意识，责任心强

   C. 较高的综合素质

   D. 其他_____（请注明）

4. 您认为职业院校酒店管理专业目前的课程安排及理论和实践教学内容、技能掌握等方面与社会需求是否适应_____。

　　A. 很适应　　　B. 较适应　　　C. 一般　　　D. 不太适应

　　E. 完全不适应

5. 在贵单位与高职学校合作过程中，主要参与了哪些环节_____。（可多选）

　　A. 人才培养目标确定　　　　B. 课程设置

　　C. 实践环节授课　　　　　　D. 实践环节指导

　　E. 学校调研

6. 您认为目前高职学校酒店管理专业毕业生的知识储备_____。

　　A. 非常充足　　　　　　　　B. 比较充足

　　C. 一般不太充足　　　　　　D. 完全不充足

7. 您认为目前职业院校酒店管理专业在人才培养和教学方面应做哪些改革_____。（多选，不超过三项）

　　A. 加强专业理论知识学习，涉猎面应更广

　　B. 在教学实践环节等方面加强应用能力的培养

　　C. 加强职业素养的培养

　　D. 加强沟通、协作能力的培养

　　E. 其他_____（请注明）

8. 作为酒店方，在与学校进行校企合作时，是否希望政府给予支持，如果是，您希望得到哪些方面的支持_____
_____。

（请写明）

　　再次感谢您的参与，祝您工作顺利，生活愉快！

附录2

"全程工学交替"酒店管理专业人才培养模式调查问卷（职业院校填写）

尊敬的×××：

  您好！

  本调查问卷旨在了解职业院校酒店管理专业人才培养模式的现状及发展趋势，希望您能在百忙之中抽出时间填写。问卷所有信息仅供研究所用，请放心作答。请填妥后以邮寄信件或发送电邮等方式反馈，如有与本调查相关的问询，欢迎与我们联系。

  联系人：潘俊

  电邮：1244113296@qq.com

  电话：0511－85111192

  通信地址：镇江高等职业技术学校（八公洞路66号）

  邮编：212000

  衷心感谢您的支持与帮助！

1. 贵校酒店管理专业工学结合人才培养模式是_____。
   A. 订单式　　　　　　　　　B. 顶岗实习
   C. 全程工学交替　　　　　　D. 项目驱动
   E. 其他_____（请填写）

2. 贵校酒店管理专业采取工学结合的时间多长_____。
   A. 1年　　　　B. 2年　　　　C. 3年

3. 贵校酒店管理专业人才培养方案多久修订一次_____。
   A. 一个学年　　B. 一个学期　　C. 不定期　　　D. 不清楚

4. 酒店管理专业人才培养方案制订过程中企业参与程度如何_____。

A. 非常高　　　B. 较高　　　C. 一般　　　D. 不太高

D. 没有

5. 如果有企业参与，企业参与的程度_____。

A. 全程参与

B. 仅参与一部分

C. 仅仅是调研或召开专家咨询会

6. 贵校酒店管理专业课程理论与实践的课时比_____。

A. 1∶1　　　B. 小于1∶1　　　C. 大于1∶1

7. 贵校酒店管理专业课程设置来源于_____。

A. 与企业讨论决定　　　　　　B. 教研室共同讨论决定

C. 领导拍板决定

8. 贵校酒店管理专业近三年有_____课程参与课程改革。

A. 1—3门　　　B. 2—6门　　　C. 6—9门　　　D. 9门以上

E. 没有

9. 企业人员担任课程的形式_____。

A. 企业人员来学校上课

B. 学生去企业听课

C. 从不上课

10. 教学方法和手段主要有_____。（可多选）

A. 项目教学　　　　　　B. "教、学、做"一体化

C. 讲授法　　　　　　　D. 情境教学

E. 案例分析　　　　　　F. 讨论

G. 体验式学习　　　　　H. 其他_____（请填写）

11. 专业课考试的主要形式有_____。（可多选）

A. 笔试　　　B. 口试　　　C. 操作

D. 成果（作业、论文等）　　　E. 其他_____（请填写）

12. 贵校酒店管理专业教师一年内企业实习时间_____。

A. 1—3个月　　　B. 4—6个月　　　C. 7—9个月

D. 10—12个月　　　E. 从来没有

13. 贵校酒店管理专业最近一年有_____老师参加提高业务水平的继续教育或培训。

A. 1位   B. 2位   C. 3位   D. 3位以上

E. 从来没有

14. 您认为在与酒店合作时，酒店方参与人才培养过程的积极性如何_____。

A. 很高   B. 较高   C. 一般   D. 不高

E. 根本没有积极性

15. 对于如何改进酒店管理专业工学结合人才培养模式，提升人才培养质量，您的建议是：_____
_____。

16. 您认为在目前职业院校的发展阶段，政府是否应该给予支持，你希望政府从哪些方面支持：_____
_____。

再次感谢您的参与，祝您工作顺利，生活愉快！

附录 3

"全程工学交替"酒店管理专业人才培养模式调查问卷（毕业生填写）

亲爱的同学们：

非常感谢你参与本次调查！

本次调查采用无记名方式进行，旨在了解大家对职业院校酒店管理专业的了解情况及顶岗实习之效果、存在的不足，以便日后改进和研究，请同学们根据自己的实习情况做出真实的回答，谢谢你的合作！

请你在选择的项目后的"□"里面画"√"。再次谢谢你！

你的学校：_____ 毕业时间：_____

实习的单位：_____ 实习的岗位：_____

1. 学校安排的实习过程中是否能有效利用你在学校所学的理论知识？

能非常充分利用 □　　　　　　　能较多利用 □

利用情况一般 □　　　　　　　能用上一点 □

完全用不上 □

2. 学校安排的实习对你的影响如何？

增强了专业知识、技能 □

工作性质与专业不符，兴趣不大、收获不大 □

加强了沟通应对技能 □

对专业的了解程度有所增强 □

3. 在实习过程中，让你不满意的有：（可多选）

企业重视度不够 □　　　　　　　老员工总是指使工作 □

没事可做，不知道干什么好 □　　　没接触到专业知识 □

没有机会自己单独做事 □　　　　　没做专业相关岗位 □

老师关心不够 □　没有相关实习指导，没有目标 □

4. 如果实习条件能改善，你希望改善哪方面？

提供更多部门实习岗位 □　　　　实行轮岗制 □

指导教师全程跟踪 □　　　　　　其他 □_____（请写明）

5. 通过实习，你认为学校对你的培养方式是：

注重培养学生的实践操作能力，实训课所占比例较大 □

理论教学与酒店实际工作相结合，经常去企业实践 □

有实践经验丰富、动手能力强的教师或酒店一线工作人员参与授课 □

主要是课程理论授课 □

6. 你认为学校的实训条件如何？

实训室功能齐全 □

只能基本满足部分实践课程的授课 □

实训设备较少 □

基本上没有专业实训设备 □

7. 你认为在校期间酒店管理专业教师教学水平：

非常高 □　　　　　　　　　较高 □

一般 □　　　　不太高 □　　　没水平 □

8. 你认为在校期间教师在教学过程中能够将行业发展现状与专业相结合吗？

结合得非常好 □　较好 □　　　一般 □　　　　不太好 □

没结合 □

9. 你认为教师在教学过程中更应该注重：

知识传授 □　　能力培养 □　　素质教育 □

10. 你认为目前多数专业教师的课堂教学：

照本宣科，缺乏实际经验 □

理论较多，与实际脱节 □

理论联系实际，教学效果好 □

11. 在你所有的实践课程的学习过程中，你感觉有实际丰富酒店经验的教师所占比例：

10%以下 □　　　　　　　　　10%～30% □

30%～50% □　　　　　　　　50%以上 □

12. 你最喜欢的或让你受益最大的教学形式是：
课堂讲授 □   边讲边练 □
实际操作 □   做大作业 □
13. 你认为你所学的专业知识能否支持你的职业理想：
完全能支持 □   能较好地支持 □
支持情况一般 □   支持情况不太好 □
不能支持 □
14. 你认为学校的课程设置与市场需求匹配吗？
完全匹配 □   能较好匹配 □
匹配情况一般 □   匹配情况不太好 □
完全不匹配 □

再次感谢您的参与，祝您工作顺利，生活愉快！

附录 4
酒店人力资源调查访谈提纲

访谈的目的： 咨询有关酒店具体工作方面的问题。了解我系酒店管理专业学生在酒店实习的工作环境。为酒店管理专业人才培养计划的修改提供参考。提供教学的开放性、职业性。

访谈的前提： 在已了解酒店工作详细信息的基础上，向行业从业者证实所了解的信息。希望能使学生在到岗实习前掌握这个行业内部真实的情况。访谈的根本目的是收集信息。

访谈的程序： 访谈程序的第一步是，寻找正在从事该行业工作的人。

访谈时间： 15—20 分钟。

酒店人力资源调查访谈提纲一

访谈对象： 酒店总经理、行政干部

酒店名称：

酒店类型：

酒店性质：

酒店人力资源总经理姓名：

访谈内容：

这个行业是在发展中吗？有哪些新的发展趋势？

对想要进入这一行业工作的人，你有什么建议？

贵酒店主要从哪些途径选择人才？

贵酒店对高职学生的技能水平的评价是？（很高、一般、很差）

贵酒店认为您所用的人员最应具备哪些素质和能力？

附录4　酒店人力资源调查访谈提纲

【记录摘要】

问:"许多企业家都已明白,市场的竞争,说到底就是人才的竞争。酒店必须完全引进现代科学的用人制度,吸引人才、招聘人才、使用人才、重视人才、培养人才、提拔人才、重奖人才、留住人才。"您能否结合多年的从业经历,谈谈对这段话的理解。

镇江喜来登大酒店总经理:丹尼尔·贝尔在《后工业社会的到来》一书中提到"后工业社会"是以知识为核心的社会,知识的积累和传播是经济社会发展的直接力量,掌握专门知识的劳动者将成为后工业社会的权力拥有者。"知识就是力量"一语在今天得到了最直接、最迅速的印证。可以预见,今后高素质的人力资本将成为一种普遍的人力需求。知识不仅指书面知识,还指实践知识,包括对市场、企业、文化、关系的知情与灵活运用的能力,对于企业来说,不仅要组织员工创造财富,同时也要为员工提供学习的机会,培养员工的学习能力。现在的员工自身素质正在不断提高,追求的已不再单单是一份有固定收入的工作,在知识经济大潮的影响下,他们所追求的更是有发展前途的事业或可以为之付出一生的职业。

而能够同时满足企业和员工双方要求的正是培养与教育。对员工进行工作技能与工作知识的培训乃至综合培训,不但可以提高员工的工作技能、整体素质,也可以提高员工的工作信心。我认为面对激烈的人才竞争,我们要做的,不仅仅是在员工成长的同时用薪资和职位的提升来留住员工,这是有很大的局限性的。我们还要做的,是不断通过培训与教育来使员工得到精神上的满足,通过团队学习来使员工感受企业文化与身处团队中的安全感和协调感,通过接受专业知识,成为真正的酒店人。

市场的竞争是人才的竞争,而要吸引人才,要看企业能给予员工什么,看我们怎样寻找和培养一批具有上进心的员工,一批具有职业素养、职业精神和强烈责任感的员工。

问:众所周知,人才的问题一直以来都是酒店发展所面临的瓶颈。原国家旅游局司长袁宗堂先生也在不断呼吁中国酒店业尽快建设起健康完善的酒店人力资源系统架构。您认为这是否是酒店业发展的当务之急?贵酒店在进行人才招聘时是否也面临一些风险?贵酒店又将采取何种方式、方法规避这些风险?

皇冠假日大酒店总经理：我非常赞同袁宗堂先生的观点，酒店行业是一个传统型的行业，相比于20世纪80年代，已经不是一个时尚的职业，随着经济的发展，酒店业在迅速地膨胀，的确面临着人才紧缺的问题。规避人才招聘的风险，可以有很多渠道。例如，洲际集团10年前就承诺给所有员工提供一个充分展示自我的舞台，承诺给员工"良好的开始、参与的机会、成长的机会和自我发展的空间"，一个好的环境才能使人员相对稳定，这其实就是降低招聘风险的一个很好的举措。关于"虚假简历"，洲际集团的招聘流程当中有明确的背景调查的程序，我们酒店现在对每一个确定录用的员工都会进行背景调查，通过这种方式我们尽量将此风险降到最低。除此以外，我们从洲际集团的英才学校或我们自己联系的其他职业院校直接招聘学生加以培训，不仅可以增加人才招聘渠道，也降低了虚假简历的风险。

问：在人才招聘中，人力资源总监可谓起着至关重要的作用，您认为酒店人力资源总监的必备素质有哪些？核心能力有哪些？您认为绩效管理、员工职业通道设计在人力资源管理中处于怎样的地位？

皇冠假日大酒店总经理：我认为人力资源总监，必备素质很多，如正直、诚实、热情、专业等，但是说到核心能力，我觉得他应该着眼于打造酒店的企业文化，他应该是一个企业文化的领军人物，他应当倾听员工的声音，了解市场的脉动，了解人才供求关系，能够驾驭全局，使酒店在不断变幻的市场中达到和谐与平衡。一个健康的肌体是平衡的，人力资源总监就是要让企业内部达到平衡。绩效管理是相当重要的，我们洲际集团有一套相当完善的绩效管理体系，近年又根据新的企业文化"制胜之道"进行了修改和更新，我们酒店目前正在做大规模的年终绩效评估。我认为对于员工来说，尤其是年轻的员工，绩效管理能够及时反映他们的工作表现，指出不足之处，确定改进方法，帮助他们做出职业规划，同样，通过绩效管理，我们力求将正确的人放在正确的岗位上，不是简单地淘汰不适应某岗位工作的员工。因此，绩效管理是指导员工进行职业生涯规划的重要的人力资源管理工具，帮助我们降低人员流动率，培养骨干，从而解决前面提到的人员问题。

酒店人力资源调查访谈提纲二

访谈对象： 人力资源部门经理
访谈内容：
简历对于被录用很重要吗？
这一行业员工从基层到高层的工资范围是怎样的？

酒店人力资源调查访谈提纲三

访谈对象： 部门主管（前厅、客房、餐厅）
访谈内容：
贵酒店对高职学生的技能水平的评价是？
贵酒店对应聘人员的学历要求是？
贵酒店对应聘人员的学历有无专业限制？
贵酒店对应聘人员工作经验有无要求？
贵酒店对应聘人员性别有无要求？
贵酒店对应聘人员的技能证书有无要求？
目前酒店需要量较大的工种前三位是哪些？
贵酒店对高职学生的技能水平的评价是很高还是一般？
贵酒店对高职学生的综合素质的评价是很高还是一般？
贵酒店认为所聘用的人员最应具备哪些素质和能力：① 掌握专业基础知识　② 敬业精神、服务意识强　③ 具有相关证书？
上级的指导和监管多吗？
有灵活的工作时间吗？
经常加班还是偶尔加班？
报酬与教育程度和能力水平是怎么样挂钩的？
有哪些升迁、加薪和横向调动的机会？
有哪些提高性培训、在岗培训？
是否有业余学习学费报销的制度？
还有哪些可能存在的福利待遇？
学生有无迟到早退，甚至更严重的违章违纪现象？

除履行承担职责外，能否主动干一些诸如打扫办公室之类的琐碎事务？

是否主动请教、主动学习？

是否听从安排、服从指挥、有全局观念？

对行业背景、市场状况、企业使命是否了解？

能否使用电脑、传真机、复印机等现代办公设备？

对企业岗位的适应能力怎样？

学生解决工作中遇到的困难的能力怎样？

学生从上岗到能够独立承担工作的间隔期有多长？

学生专业技能能否适应岗位要求？

这些岗位都有哪些工作内容和责任？

压力大吗？是每天按固定程序工作，还是变化多样的？

【记录摘要】

问：您认为酒店行业目前的薪酬水平处于什么样的状况？是合适还是偏低？

酒店人力资源部经理：如果将酒店行业与其他行业相比的话，毫无疑问，酒店行业的薪酬水平会低于其他行业。现在的行业很多岗位的工资都是很高的，但是酒店行业的很多岗位工资仍然很低。每个行业都有自己发展的特定环境，每个行业目前所处的发展阶段也不同。在不同的历史阶段，员工所获取的收入自然也会有所不同。酒店行业已经发展了很长一段时间，工资较低也是能够理解的。一个行业不断地向前发展，竞争也在不断地加剧，所以工资也就自然而然地降低了。现在的游戏行业，开发成本很高，员工的工资也较高。但是随着时间的推移，当大家将开发游戏的技能都掌握的时候，这个行业员工的工资也将降低。因此，将酒店行业中发展相当成熟的岗位与新兴行业比较，是不具可比性的。

问：既然酒店行业的工资水平偏低，那么为什么仍然会有大量的人才加入酒店业？您认为酒店业吸引众多人才加入的魅力在哪？

酒店人力资源部经理：我个人觉得酒店业还是一个极具发展前景的行业。就这十年来看，酒店业的发展还是很快的。随着中国经济的快速发展，每个行业都在扩大需求。酒店业需要人才，需要精英的加入。从个人来说，有部分人确实愿意从事酒店业，也热爱这个行业。当然也有部分人不喜欢酒店业，但是他觉得酒店业有发展。还有部分人，他们认为在酒店业中可以学习到他们想学的东西。可能这些东西在其他行业也能学习到，但是在酒店业能更加专注、更加全面地学习。很多人说酒店业是服务业中的服务业，最起码能够学习到如何为人处世、如何面对客人、如何判别客人、如何与客人打交道等方面的能力。有些人也会在酒店业中工作一段时间之后离开酒店业。

问：那么您认为薪酬是否是员工选择企业的主要因素？

酒店人力资源部经理：只能说"薪酬"在员工选择企业的诸多因素中，位列前三名。

问：那么其他两项是什么？

酒店人力资源部经理：发展空间和发展机会。这两项是不同的概念。酒店需要让他的员工既有发展空间，又有学习机会。有些人的能力非常强，但是缺少发挥的平台，还有一些人，可能能力较弱，他更需要的是学习机会。这两项对于酒店从业人员来说都是相当重要的。观察当今酒店招聘，许多同行莫不哀叹招聘难，留住人更难。如今酒店从业人员心思太活，从前那种用人单位高高在上、挑挑拣拣选择应聘者的优势地位已经不复存在，现在的市场是"劳动力"市场，轮到了应聘者对酒店挑挑拣拣。有时候酒店好不容易招聘来的员工，因为初来乍到，不熟悉环境，再碰上一些老员工爱搭不理，工作再辛苦一些、累一些，马上就撂挑子走人，留下一句话"此处不留爷，自有留爷处"，一转身潇洒离去。

问：针对目前酒店行业招聘的实际情况，贵酒店是采取哪些方式进行招聘的呢？

酒店人力资源部经理：针对酒店目前招聘所遇到的各种情况，我们主要采取以下对策：内部员工推荐、员工"二次进店"、通过劳动人才市场进行招聘、通过人才网站发布招聘信息、求职者直接上酒店应聘、与院校建立合作关系等。随着我国企业信息化程度的提高，越来越多的企业、个人开始接受冠名办学，与学院合作。期望在目前提供的服务项目之外，搭建与各大学校之间的长期合作的桥梁，帮助建立一些沟通平台，服务于校企合作，以确保满足目前酒店的人员需求。这是很多酒店的一种理想状态，但需要一个系统且科学的方案，以利于校企合作的公平，同时也能实现真正的人才市场化。

问：七月，是毕业生求职的高峰期，不少大学生都在酒店求职中被拒，您如何看待这个问题？

酒店人力资源部经理：我们是非常欢迎这些有潜在能力的人群的，只要他们能够端正态度，放下架子，从基层做起，充分发扬其优点，发挥其能力，酒店还是愿意向他们开放上升的空间，提供更多的机会的。我们会将他们安排在合适的岗位上，或者轮岗。通过轮岗让他们了解酒店，而在他们了解酒店的过程中，我们也了解他们。我们主要了解他们是否愿意接受新鲜事物，是否能在很短的时间内适应工作，胜任自己的职务。

以我以往的工作经验来看，高学历并不代表高能力。学历，只代表学到了多少知识，知识与实践还要有个结合的过程。这个过程还受本人的性格、兴趣、爱好等多方面的影响。硕士、博士不一定能成为优秀的管理人员。酒店从业人员不需要特别高的学历，特别是中基层人员，中专生足以胜任相关工作。而这部分人中也会出现一些优秀员工，甚至一些管理人员。高学历的人反而很难放下架子。这可能就是他们在择业、就业中的困扰。

问：酒店业人才的流动十分频繁，作为酒店行业资深人力资源专家，您觉得是招人难还是留人难？相信您肯定有很多留住人才的方法吧？能否与我们大家来共同分享一下呢？

酒店人力资源部经理：招人难，留人更难。要留住人才，首先要练就"火眼金睛"，在招人时就要充分考察该人员，考虑其是否能胜任工作，是否适合酒店行业工作，是否有发展潜力。否则，人才来到酒店，可能会因为种种原因而很快离职，如企业文化不相融，能力达不到要求，管理风格得不到领导认可，等等。从这个角度来讲，招人和留人是有因果关系的。招到的人不合适，强留对双方都是一种痛苦。从理论上讲，留住人才在管理上有很多办法，但真正要将一些办法落到实处，还是需要整个酒店的人员共同努力才能做到的，人力资源部的工作需要多方面特别是酒店内部的支持和理解。下面，我简单谈谈对"留住人才"的看法：建立良好的企业文化是留住人才、培养管理人员忠诚度的有效办法。让人才高兴地留下是上策，让人才安心地留下是中策，让你去挽留人才是下下策。我们人力资源管理人员要更多地了解人才的思想动态，有问题要尽可能加以解决，多考虑其职业生涯的发展，是可以留住人才的。要及时地了解行业的人力市场动态，与职业院校合作，为酒店储备适合的人力资源后备力量。

附录5 江苏联合职业技术学院酒店管理专业指导性人才培养方案

一、专业名称及代码

酒店管理（640105）

二、入学要求

初中阶段教育应届毕业生

三、修业年限

基本学制：五年一贯制

办学层次：普通专科

四、职业（岗位）面向（表1）

表1 本专业职业面向

所属专业大类（代码）	所属专业类（代码）	对应行业（代码）	主要职业类别（代码）	主要岗位群或技术领域举例	职业资格证书或职业技能等级证书举例
旅游大类（64）	旅游类（6401）	住宿业（61）餐饮业（62）	前厅服务员（4-03-01-01）客房服务员（4-03-01-02）旅店服务员（4-03-01-03）餐厅服务员（4-03-02-05）茶艺师（4-03-02-07）咖啡师（4-03-02-08）调酒师（4-03-02-09）	前台接待 客房协调 销售部协调 餐厅服务 酒吧调酒	茶艺师证

同时，鼓励学生取得与专业相关的职业资格证书，如国际认证的咖啡师（ACIC 认证）、品酒师（WSET 认证）等专业证书，努力提升职业能力，拓宽职业方向。

五、培养目标与培养规格

（一）培养目标

本专业培养理想信念坚定，德、智、体、美全面发展，具有一定的科学文化水平、良好的人文素养、职业道德和创新意识，精益求精的工匠精神，较强的就业创业能力和可持续发展的能力，掌握本专业知识和技术技能，面向住宿业、餐饮业的前厅服务员、客房服务员、餐厅服务员、茶艺师、咖啡师、调酒师等职业群，能够从事酒店、民宿、邮轮等接待业的一线餐厅、客房、前厅服务，或茶艺、咖啡、调酒服务，以及酒店企业运营管理工作的高素质技术技能人才。

（二）培养规格

本专业毕业生应在素质、知识、能力等方面达到以下要求。

1. 素养

※（1）坚定拥护中国共产党领导和我国社会主义制度，在习近平新时代中国特色社会主义思想指引下，践行社会主义核心价值观，具有深厚的爱国情感和中华民族自豪感。

※（2）崇尚宪法、遵法守纪、崇德向善、诚实守信、尊重生命、热爱劳动，履行道德准则和行为规范，具有社会责任感和社会参与意识。

※（3）具有质量意识、环保意识、安全意识、信息素养、工匠精神、创新思维。

※（4）勇于奋斗、乐观向上，具有自我管理能力、职业生涯规划的意识，有较强的集体意识和团队合作精神。

（5）具有健康的体魄、心理和健全的人格，掌握基本运动知识和1—2项运动技能，养成良好的健身与卫生习惯，以及良好的行为习惯。

（6）具有一定的审美和人文素养，能够形成至少1项艺术特长或爱好。

2. 知识

※（1）掌握必备的思想政治理论、科学文化基础知识和中华优秀传统文化知识。

※（2）熟悉与本专业相关的法律法规及环境保护、安全消防等知识。

※（3）掌握良好的沟通、服务礼仪、旅游服务心理学基础知识。

※（4）掌握酒店行业前厅、客房、餐饮服务与运营管理的基本理论及安全、卫生相关知识。

（5）熟悉酒店财务、成本控制、市场营销和收益管理知识。

（6）了解信息通信技术，熟悉酒店信息化应用的基本知识。

（7）掌握酒店基层督导管理知识，熟悉酒店经营管理新观念、新理论、新技术。

3. 能力

※（1）具有探究学习、终身学习、分析问题和解决问题的能力。

※（2）具有良好的语言、文字表达能力和沟通能力。

※（3）具有创新意识，能创造性地开展工作，满足宾客个性化要求。

※（4）具有解决酒店服务、运营与管理中常见问题的能力，并能应对各种突发状况。

（5）具有酒店前厅接待、客户关系处理、客房清扫与服务、房务部经济效益分析等酒店房务服务与督导管理能力。

（6）具有餐厅摆台、宴会设计、酒水服务、餐厅运转与管理等酒店餐饮服务与督导管理能力。

（7）具有酒店组织架构设计、酒店市场营销策划、酒店员工培训计划编制与执行、酒店员工绩效评价等酒店运营与管理能力。

（8）具备创建并运营主题餐厅、民宿等中小餐饮住宿企业的创新创业能力。

（9）具有一定的酒店品牌与文化建设、酒店经营管理标准与质量控制、酒店业宏观发展动态与趋势判断等酒店高级管理能力。

备注：标※的为本专业核心素养。

六、课程设置及要求

（一）课程设置

本专业课程主要包括公共基础课程和专业（技能）课程。

1. 公共基础课程

根据国家及地方有关文件的规定，公共基础课程分为思想政治类与文化类两大类，将中国特色社会主义、心理健康与职业生涯、哲学与人生、职业道德与法制、毛泽东思想与中国特色社会主义理论体系概论、经济政治与社会、创业与就业教育、思想道德修养与法律基础、中华优秀传统文化、形势与政策等列入思想政治必修课，并将习近平新时代中国特色社会主义思想、党史、国史、改革开放史、社会主义发展史等列入限选课；将语文、数学、英语、体育与健康、信息技术、美育、历史、劳动等列入公共基础文化类必修课；将地理、职业素养、安全教育等列入限选课。

各学校也可根据实际情况开设具有本校特色的校本课程。

公共基础课程主要教学内容，如表2所示。

表2 公共基础课程主要教学内容

序号	课程名称	主要教学内容和要求
1	中国特色社会主义	依据《中国特色社会主义教学大纲》开设，并与专业实际和行业发展密切结合
2	心理健康与职业生涯	依据《心理健康与职业生涯教学大纲》开设，并与专业实际和行业发展密切结合
3	哲学与人生	依据《哲学与人生教学大纲》开设，并与专业实际和行业发展密切结合
4	职业道德与法制	依据《职业道德与法制教学大纲》开设，并与专业实际和行业发展密切结合
5	毛泽东思想与中国特色社会主义理论体系概论	依据《毛泽东思想与中国特色社会主义理论体系概论教学大纲》开设，并与专业实际和行业发展密切结合
6	经济政治与社会	依据《经济政治与社会教学大纲》开设，并与专业实际和行业发展密切结合
7	创业与就业教育	依据《创业与就业教育教学大纲》开设，并与专业实际和行业发展密切结合
8	思想道德修养与法律基础	依据《思想道德修养与法律基础教学大纲》开设，并与专业实际和行业发展密切结合
9	中华优秀传统文化	依据《中华优秀传统文化教学大纲》开设，并与专业实际和行业发展密切结合
10	形势与政策	依据《形势与政策教学大纲》开设，并与专业实际和行业发展密切结合

续表

序号	课程名称	主要教学内容和要求
11	语文	依据《语文教学大纲》开设,并注重在职业模块的教学内容中体现专业特色
12	英语	依据《英语教学大纲》开设,并注重在职业模块的教学内容中体现专业特色
13	数学	依据《数学教学大纲》开设,并注重在职业模块的教学内容中体现专业特色
14	体育与健康	依据《体育与健康教学大纲》开设,并注重在职业模块的教学内容中体现专业特色
15	信息技术	依据《信息技术教学大纲》开设,并注重在职业模块的教学内容中体现专业特色
16	美育	依据《美育教学大纲》开设,并注重在职业模块的教学内容中体现专业特色
17	历史	依据《历史教学大纲》开设,开设中国历史和世界历史,并注重在职业模块的教学内容中体现专业特色
18	劳动	依据《劳动教学大纲》开设,并注重在职业模块的教学内容中体现专业特色
19	军事理论与训练	依据《军事理论与训练教学大纲》开设,并注重在职业模块的教学内容中体现专业特色

2. 专业课程

专业课程一般包括专业群课程、专业核心课程、专业方向课程,并涵盖有关实践性教学环节。学校可自主确定课程名称,但应包括以下主要教学内容:

(1) 专业群课程。

专业群课程一般设置6—8门,包括:旅游学概论、旅游地理、旅游心理学、沟通技巧、旅游英语、旅游文化、旅游礼仪等。

(2) 专业核心课程。

专业核心课程一般设置6—8门,包括:前厅服务与管理、客房服务与管理、餐饮服务与管理、酒店运营与管理、酒店财务管理、酒店信息管理技术、酒店市场营销、酒店人力资源管理等。

（3）专业方向课程。

专业方向课程包括：酒吧、咖啡服务与管理，茶文化与茶艺，酒店工程，餐台设计艺术，涉外语言，酒店应用文写作等。

3. 专业核心课程主要教学内容

专业核心课程主要教学内容如表3所示。

表3 专业核心课程主要教学内容

序号	课程名称	主要教学内容和要求
1	前厅服务与管理	掌握前厅业务基础，掌握客史档案管理、总机服务的工作流程；能进行客房预订服务、礼宾服务、总台服务、行政楼层服务、商务中心服务；能进行宾客关系管理；了解前厅服务质量管理、前厅组织管理等基础知识
2	客房服务与管理	掌握客房业务基础，掌握客房清扫服务、对客服务等工作流程及标准；能对公共区域进行清洁保养；了解布草房与洗衣房运转、客房部组织管理；了解客房部质量管理、客房部费用控制、客房部安全管理等基础知识
3	餐饮服务与管理	了解餐饮行业发展概况；具备餐饮从业人员应有的职业素养；掌握餐饮服务基本技能、菜肴和酒水知识；掌握中西餐服务流程和服务技巧；能熟练进行宴会服务；了解菜单设计、中西餐厅督导管理技巧等基础知识
4	酒店运营与管理	了解酒店业的产生和发展历史，掌握不同酒店形态及其特征，并能熟悉国内外知名酒店集团；了解民宿的起源、发展、宣传、运营相关知识；能对酒店（含连锁酒店）进行初步市场分析与经营定位、布局与设计；了解酒店企业组织与服务规范、经营产品设计；了解经营物资筹措、经营管理规范建立；了解市场推广策划、经营预算与成本管理等基础知识
5	酒店财务管理	了解酒店财务管理的原则与方法、酒店资产管理；能进行基础的酒店预算管理、酒店成本费用管理；了解酒店价格管理及营业收入管理；了解酒店税金管理、利润分配，以及酒店财务分析等基础知识

续表

序号	课程名称	主要教学内容和要求
6	酒店信息管理技术	掌握酒店信息技术基础，了解酒店软件系统概要；能进行客史管理、预订销售；了解前台收银、夜审与日审；了解价格体系管理、宴会销售系统等业务操作
7	酒店市场营销	了解酒店市场营销原理，能进行酒店营销信息系统及调研工作；能对酒店客源市场进行分析及细分；了解酒店产品设计、酒店产品定价相关知识；了解酒店营销渠道选择与管理知识；能进行酒店营销活动策划、市场营销活动管理与预算等
8	酒店人力资源管理	了解酒店人力资源管理概述、酒店工作分析等知识；了解员工招聘与配置、酒店员工培训与开发；了解酒店绩效管理、薪酬管理、员工劳动关系管理等基础管理知识

4. 实践性教学环节

实践性教学环节主要包括实验、实训、实习、毕业设计、社会实践等。实训可在校内实验实训室、校外实训基地等开展完成。社会实践、顶岗实习、跟岗实习由学校组织在校企合作的旅行社和相关旅游企业开展完成。实习实训主要包括在校内进行酒店服务技能、酒店企业模拟运营等实训；在住宿、餐饮等旅游企业进行一线服务、产品策划与销售、企业运营等跟岗实习和顶岗实习；等等。应严格执行《职业学校学生实习管理规定》。

5. 相关要求

学校应统筹安排各类课程，注重理论与实践一体化教学；应结合实际，开设安全教育、急救知识、点心烘焙、葡萄酒知识、绿色环保、民宿、智慧酒店、酒店收益管理、酒店安全与法规等方面的选修课程、拓展课程或专题讲座（活动），并将有关内容融入专业课程；将创新创业教育融入专业课程教学和相关实践性教学；自主开设其他特色课程；组织开展德育活动、志愿服务活动和其他实践活动。

（二）学时安排

总学时一般为 5 000 学时左右，每 16—18 学时折算 1 学分，总学分 290 左右。公共基础课程学时原则上不少于总学时的 1/3，实践性教学学时占总学时的 50% 以上，选修课学时占总学时的比例不少于 10%。规范实施"4.5+0.5"培养模式，顶岗实习时间一般为 6 个月。每学年教学时间不少于40周，学校可根据自身情况具体安排周学时，原则上每周安排26—30学时。

七、教学进度总体安排

（一）教学时间分配表（表4）

表4 教学时间分配表

学期	学期周数	理论教学		实践教学					入学教育	劳动及机动
		授课周数	考试周数	技能训练		课程设计 大型作业 毕业设计		企业见习 顶岗实习			
				内容	周数	内容	周数	内容	周数	周数	周数
一	20	18	1							1	
二	20	18	1								1
三	20	18	1	社会实践	1						
四	20	18	1			客房项目设计	1				
五	20	18	1	酒店项目实训	1						
六	20	18	1	酒店项目实训	1						
七	20	18	1	专业技能培训与拓展	1						
八	20	18	1			主题宴会设计	1				
九	20	14	1					生产性实训	4		1
十	20	0	0			毕业设计	2	顶岗实习	18		
合计	200	158	9		4		4		22	1	2

建议：实践教学周可按此表严格执行，也可由各校按教学或实践企业需要拆分或集中操作。

（二）教学时间安排
八、实施保障
（一）师资队伍
1. 队伍结构

学生数与本专业专任教师数比例不高于 25∶1，双师素质教师占专业教师比例一般不低于 80%，专任教师队伍要考虑职称、年龄，形成合理的梯队结构。

2. 专任教师

专任教师应具有高校教师资格；有理想信念、有道德情操、有扎实学识、有仁爱之心；具有酒店管理或旅游管理相关专业本科及以上学历；具有扎实的本专业相关理论功底和实践能力；具有较强信息化教学能力，能够开展课程教学改革和科学研究，有每 5 年累计不少于 6 个月的企业实践经历。

3. 专业带头人

专业带头人原则上应具有副高及以上职称，能够较好地把握国内外酒店管理行业、专业发展，能广泛联系行业企业，了解行业企业对本专业人才的需求实际，教学设计、专业研究能力强，组织开展教科研工作能力强，在本区域或本领域具有一定的专业影响力。

4. 兼职教师

兼职教师主要从本专业相关的行业企业聘任，具备良好的思想政治素养、职业道德和工匠精神，具有扎实的专业知识和丰富的实际工作经验，具有中级及以上相关专业职称，能承担专业课程教学、实习实训指导、学生职业发展规划指导等教学任务。

（二）教学设施

教学设施主要包括能够满足正常的课程教学、实习实训所需的专业教室、校内实训室和校外实训基地。

1. 专业教室基本条件

专业教室一般配备黑（白）板、多媒体计算机、投影设备、音响设备，互联网接入或 Wi-Fi 环境，并实施网络安全防护措施；安装应急照明装置并保持良好状态，符合紧急疏散要求，标志明显，保持逃生通道畅通无阻。

2. 校内实训室基本要求

校内实训室基本要求为：酒店管理专业的校内实训基地应从实景、实境的角度出发，包括餐饮实训室、客房实训室、酒吧（咖啡）实训室、酒店信息系统实训室等实训场所，有条件院校的酒店管理专业实训基地可以实现实际运营。

（1）餐饮实训室。

餐饮实训室应配置教学主控台及配套软件、投影仪或多媒体一体机等。中餐实训室配备直径 1.8 m 餐桌、宴会餐椅、工作台、中餐摆台餐具等；西餐实训室配备 2.4 m×1.2 m 餐桌、西餐椅、工作台、西餐宴会餐具等，用于中、西餐服务实训。

（2）客房实训室。

客房实训室应配置教学主控台及配套软件、投影仪或多媒体一体机、标准床（2 m×1.2 m）及棉织品等，用于客房服务实训。

（3）酒吧（咖啡）实训室。

酒吧（咖啡）实训室应配置教学主控台及配套软件、投影仪或多媒体一体机、调酒用具、杯具、酒水等，也可配置各类咖啡设备，用于调酒技能、酒吧服务，以及葡萄酒知识学习、品酒实践、咖啡品鉴及制作等综合实训。同时，根据课程设置和教学需要也可配置部分烘焙设备，以便实践西点烘焙实训，拓展技能方向。

（4）酒店信息系统实训室。

酒店信息系统实训室应配置教学主控台及前台接待软件、投影仪或多媒体一体机、台式计算机等，用于前厅服务实训。

另外，也应努力建成融互联网技术、物联网、大数据、云计算、虚拟仿真、人工智能一体化为支撑的智慧酒店实训室，对应主题宴会设计、酒店产品策划、智慧酒店、民宿、酒店网络营销等课程，对学生进行相关知识讲授和技能训练，适应大数据时代新型智能酒店发展的需要。

3. 校外实训基地基本要求

校外实训基地基本要求为：具有稳定的校外实训基地；遵循长期规划、深度合作、互助互信的原则，选择经营情况比较理想，拥有专业技术能手，人才培养、选拔体系比较完善的行业龙头企业为校外实训基地，可供完成前厅、客房、餐饮、康乐、销售等岗位群核心技能的训练和跟岗实习；实训设备齐全，实训岗位和实训指导教师确定，实训管理和实训制度完善。同时，应拓展游轮、民宿类校外实训基地，对接人才培养需求。

4. 学生实习基地基本要求

学生实习基地基本要求为：具有稳定的校外实习基地；优先选择经营业绩良好、能够提供实践指导教师、具有完善的培训机制和能够提供住宿的企业作为学生实习基地；实习企业的职责和实习过程管理严格遵循《旅游类专业学生饭店实习规范》（LB/T 031—2014）；有保证实习生日常工作、学习、生活的规章制度，有安全保障。

5. 支持信息化教学方面的基本要求

支持信息化教学方面的基本要求为：具有可利用的数字化教学资源库、文献资料、常见问题解答等信息化条件；鼓励教师开发并利用信息化教学资源、教学平台，创新教学方法，引导学生利用信息化教学条件自主学习，提升教学效果。

（三）教学资源

教学资源主要包括能够满足学生专业学习、教师专业教学研究和教学实施所需的教材、图书文献、数字教学资源等。

1. 教材选用基本要求

按照国家规定选用优质教材，禁止不合格的教材进入课堂。学校应建立由专业教师、行业专家、教研人员等组成的教材选用机构，完善教材选用制度，经过规范程序择优选用教材。

2. 图书文献配备基本要求

图书文献配备能满足人才培养、专业建设、教科研等工作的需要，方便师生查询、借阅。专业类图书文献主要包括住宿、餐饮等旅游酒店管理方面的专业图书、文献资源，订阅不少于10种专业领域的优秀期刊。

3. 数字教学资源配置基本要求

建设、配备与本专业有关的音视频素材、教学课件、数字化教学案例库、虚拟仿真软件、数字教材等专业教学资源库，应种类丰富、形式多样、使用便捷、动态更新，能满足教学要求。

（四）教学方法

以学生为主体，注重培养学生的学习能力，在教学方法上，更多关注专业特色，普及项目教学、案例教学、情境教学、模块化教学等教学方式，广泛运用启发式、探究式、讨论式、参与式等教学方法，并充分利用网络技术搭建的自主学习平台，推广翻转课堂、混合式教学、理实一体化等新型教学模式,强化专业认知实践、专业跟岗实践、专业顶岗实践等实习环节,切实提升课堂教学效果,更好地实现课堂教学目标。

(五) 学习评价

严格落实人才培养目标和培养规格的相关要求,加大过程性监控和考核,合理分配实践技能考核成绩在课程总成绩中的比例。严格考试纪律,健全多元化考核评价体系,完善学生学习过程监测、评价与反馈机制,引导学生自我管理、主动学习,提高学习效率。强化实习、实训、毕业设计(论文)等实践性教学环节的全过程管理与考核评价。

日常教学中,通过教师评价、学生自评与互评、家长参与评价等多元评价,为学生创造良好育人环境,了解学生的需求,挖掘和发展学生多方面的潜能,帮助学生认识自我,最终使评价成为促进学生发展和提高的过程,发挥评价的激励性和发展型功能。

评价的内容应全面化,包括一般性发展目标和学科学习目标。一般性发展目标包括道德品质、学习能力、交流合作等;学科学习目标体现在各科课程标准中。各学科的评价要依据本学科的课程标准,涵盖学科要素各方面的内容,既要考查学生对学科知识的概念与事实的理解,又要评价学生在情感态度、学习方法与技能、学习的行为习惯和思维的创新等方面的变化发展。

(六) 质量管理

(1) 学校应建立专业建设和教学质量诊断与改进机制,健全专业教学质量监控管理制度,完善课堂教学、教学评价、实习实训、毕业设计及专业调研、人才培养方案更新、资源建设等方面质量标准建设,通过教学实施、过程监控、质量评价和持续改进达到人才培养要求。

(2) 学校应完善教学管理机制,加强日常教学组织运行与管理,定期开展课程建设水平和教学质量诊断与改进,建立健全巡课、听课、评教、评学等制度,建立与企业联动的实践教学环节督导制度,严明教学纪律,强化教学组织功能,定期开展公开课、示范课等教研活动。

(3) 学校应建立毕业生跟踪反馈机制及社会评价机制,并对生源情况、在校生学业水平、毕业生就业情况等进行分析,定期评价人才培养质量和培养目标达成情况。

（4）专业教研组织应充分利用评价分析结果有效改进专业教学，持续提高人才培养质量。

九、毕业要求

（一）学分要求

本专业学生毕业必须取得的最低学分为 280 学分。

（二）职业技能证书要求

本专业学生毕业必须获得以下证书：

（1）普通话水平测试等级证书（二级乙等以上，含二级乙等）。

（2）全国计算机等级考试（一级）证书或其他类别同等级的计算机等级证书。

（3）全国英语等级考试（一级）证书或高等学校英语应用能力考试（A级）证书。

（4）茶艺师（四级）资格证书（发证单位：中华人民共和国人力资源和社会保障部）。

本专业学生毕业还可自主选考以下证书，但不作为毕业必备条件：

（1）全国英语等级考试（二、三级）证书或大学英语四级证书。

（2）国际认证的专业技能证书（咖啡师、品酒师等）。

（三）其他要求

1. 志愿者服务

学生在校期间，前四学年每学年志愿者服务时间不低于 8 小时，志愿者服务时间以志愿者服务记录卡上的记录为准。

2. 学生体质健康

学生在校期间，参加《国家学生体质健康标准》测试，成绩达到 50 分以上（含 50 分）。

十、其他说明

（一）编制依据

《江苏联合职业技术学院关于专业人才培养方案制（修）订与实施工作的指导意见》（苏联院〔2019〕12 号）。

（二）其他说明

（1）各校根据指导性人才培养方案制订实施性方案时，公共基础课程模块、专业群课程模块、专业核心课程模块原则上不得调整，专业方向课程模块和任选课程模块，可以根据各校实际情况适当调整。

（2）各校如有国家、省、市立项现代学徒制试点项目的，需校企合作共同制订实施性人才培养方案的，应建立在指导性人培方案基础上。

（3）指导性人才培养方案将结合教学诊断与改进、质量年报、学生综合素质考核、职业技能大赛、职业资格鉴定等工作，探索学院层面对教学过程中的质量监控机制，建立教学质量评价和考核的标准与方法。

附录 6

江苏联合职业技术学院酒店管理专业部分课程标准

江苏联合职业技术学院"餐饮服务与管理"课程标准

课程代码：　　　　　建议学时数：340　　　　　学分：16
适用专业：五年制高职酒店管理专业
先修课程：无
后续课程："饭店管理"

一、前言

（一）课程的性质

"餐饮服务与管理"课程是酒店管理专业的一门专业核心课程。其任务是：通过学习，使学生掌握餐饮服务与管理的核心知识和技能。课程以餐饮各岗位实际工作任务为引领，以岗位职业能力为依据，按学生的认知特点，采用各项任务并列或按工作任务流程的结构来确定教学内容。同时，按照岗位工作任务的要求，结合餐厅中、高级服务师职业资格证书的考核要求，通过理论、实训、实践一体化教学，使学生能熟练掌握酒店餐饮服务知识、技能及相应的基层管理知识，培养学生的综合职业能力，满足学生职业生涯发展的需要，成为酒店受欢迎的实战型、应用型专业人才。

（二）设计思路

高职酒店管理专业培养的是应用型人才。在这一培养理念的指导下，紧紧围绕课程内容，从餐饮服务技能入手，循序渐进地导入餐饮服务与管理知识，并结合目前各大知名酒店的餐饮服务与管理案例，使学生不仅具有丰富的专业知识和娴熟的专业技能，而且具有实战型的管理能力。

本课程是应用性较强的学科，希望通过学习餐饮服务与管理知识，使学生切实提高服务素质，并在饭店餐饮服务、程序方面练就较为扎实的基本功。因此，教学中应强调动手训练和直观教学，注意理论联系实际，通过多媒体教学、情景训练、实践教学、案例分析等，提高教学效果。特别是以项目课程为主体，以模块教学为形式的专业课程总体教学思路和要求，以形成饭店餐饮服务的基本技能操作、餐饮的基层管理、自主创业的实践能力为基本目标。以实用为原则，适度考虑知识结构，为职业生涯发展奠定能力基础。教学效果评价采取过程评价与结果评价相结合的方式，通过理论与实践相结合，重点评价学生的职业能力。

二、课程目标

本课程以现代餐饮业的实际工作为路径，通过项目课程教学活动的开展，使学生从知识、能力和素质三方面得到提升。

（一）知识目标

使学生掌握餐饮服务、运营及管理中所必需的基本理论和基础知识，熟悉餐饮服务的基本程序和方法。

（二）能力目标

使学生学会餐饮服务与管理等技能，并能胜任餐饮服务和基层管理工作，达到餐厅服务高级服务师的水平。

（三）素质目标

培养学生的职业素质、团队合作的品质，为就业和职业生涯发展奠定基础。

三、课程内容及要求（表1）

表1 课程内容及要求

序号	课程模块（或单元、或章节）	课程内容及要求	活动与建议	参考学时
1	第一单元 餐饮概述	模块一 餐饮部的组织机构与管理职能 1. 认识餐饮部的组织机构 2. 了解餐饮部各部门的主要职责 3. 了解餐饮部各岗位的主要职责 模块二 餐饮的经营特点 1. 理解餐饮生产的特点 2. 理解餐饮销售的特点 3. 理解餐饮服务的特点 模块三 现代餐饮发展趋势 1. 了解现代餐饮发展趋势及特点	1. 参观五星级酒店 2. 上网查找中国与外国餐饮的发展情况等相关资料 3. 分析针对餐饮服务的特点如何做好对客服务与管理	16（实践4）
2	第二单元 餐厅服务技能	模块一 中餐服务技能 1. 掌握托盘技能 2. 掌握餐巾折花技能 3. 掌握中餐摆台技能 4. 掌握斟酒服务技能 5. 掌握菜肴服务技能 6. 掌握其他服务技能 模块二 西餐服务技能 1. 认识西餐餐具 2. 理解西餐摆台的要求及要求 3. 掌握西餐菜肴服务的方法和要求 4. 西餐端盘、撤盘的方法及派菜时叉匙的使用方法 5. 葡萄酒的开瓶方法	1. 托盘（轻托）操作练习 2. 餐巾折花操作练习 3. 斟酒操作练习 4. 上菜、分菜操作练习 5. 中餐宴会摆台操作练习 6. 西餐摆台练习 7. 情景模拟练习	126（实践100）
3	第三单元 餐厅服务与管理	模块一 中餐厅服务与管理 1. 了解中餐厅的概况 2. 了解中式菜肴 3. 掌握中餐厅的销售方式及相应服务方法和标准		

续表

序号	课程模块（或单元、或章节）	课程内容及要求	活动与建议	参考学时
3	第三单元 餐厅服务与管理	模块二　西餐厅服务与管理 1. 了解西餐厅的概况 2. 了解西式菜肴 3. 掌握西餐就餐礼仪 4. 掌握西餐进餐方法和服务方式 5. 掌握西餐厅服务程序及要领 模块三　日式餐厅服务与管理 1. 了解日式餐厅的概况 2. 了解日式料理 3. 了解日式料理就餐礼仪 4. 理解日式餐厅服务特点 5. 掌握日式餐厅服务程序及要领	1. 迎宾引位、拉椅让座练习 2. 推荐酒水菜肴、侍酒练习 3. 预订练习 4. 服务情景模拟练习 5. 上网查找西餐服务方式的详细资料	34（实践8）
4	第四单元 酒吧服务与管理	模块一　酒水知识 1. 了解酒类术语 2. 掌握酒的分类 3. 掌握各种发酵酒的种类及特点 4. 掌握蒸馏酒的种类及特点 5. 掌握配制酒的种类及特点 模块二　葡萄酒 1. 了解葡萄酒的概念及基本知识 2. 掌握葡萄酒的种类及特点 3. 掌握葡萄酒的储存及管理方法 4. 掌握葡萄酒的饮用及服务方法 模块三　鸡尾酒 1. 了解鸡尾酒的起源 2. 掌握鸡尾酒的定义及基本组成部分 3. 了解鸡尾酒的分类 4. 理解鸡尾酒的特点 5. 了解调制鸡尾酒的用具和杯具 6. 掌握鸡尾酒的调制 7. 了解经典鸡尾酒配方 模块四　酒吧管理 1. 了解酒吧的分类 2. 掌握酒吧日常工作程序 3. 掌握酒吧日常管理的基本知识	1. 通过实物展示，让学生对各类酒水进行识别 2. 在酒吧实训室进行鸡尾酒调制训练 3. 鉴别、品尝葡萄酒和鸡尾酒 4. 在酒吧实训室模拟情境，进行酒吧服务程序的演练	30（实践12）

续表

序号	课程模块（或单元、或章节）	课程内容及要求	活动与建议	参考学时
5	第五单元 咖啡厅服务与管理	模块一 咖啡知识概述 1. 了解咖啡产品的分类及特点 2. 掌握鉴别咖啡品质的方法 3. 了解咖啡冲煮器具及其使用 模块二 咖啡的调制与鉴赏 1. 熟悉世界著名咖啡豆的品种及特点 2. 熟悉咖啡豆的研磨 3. 掌握咖啡的冲泡 4. 掌握咖啡的调制 模块三 咖啡厅服务与管理 1. 熟悉咖啡厅（馆）的经营管理 2. 熟悉咖啡制作服务规程	1. 通过实物展示，让学生认识咖啡及冲煮器具 2. 在实训室进行咖啡的冲泡及调制训练 3. 在实训室模拟情境，进行咖啡厅服务的操作训练	30 （实践12）
6	第六单元 主题宴会服务与管理	模块一 主题宴会概述 1. 理解主题宴会的特征和作用 2. 了解主题宴会的起源和历史名宴 3. 了解现代主题宴会的种类 4. 了解主题宴会的发展趋势 模块二 主题宴会台面设计 1. 了解主题宴会台面的种类 2. 理解主题宴会台面设计的作用 3. 理解主题宴会台面设计的原则 4. 掌握主题宴会台面设计的基本要求 5. 掌握主题宴会台面设计的步骤和方法 模块三 主题宴会台型布置 1. 掌握宴会台型设计的含义 2. 理解宴会台型设计的基本要求 3. 掌握宴会台型设计内容 4. 掌握中式宴会台型设计方法和要求 5. 掌握西式宴会台型设计方法和要求 6. 掌握鸡尾酒会台型设计方法和要求	1. 通过各类资料搜集，让学生进一步了解主题宴会的内涵 2. 分组完成主题宴会的设计，并进行成果展示 3. 主题宴会服务方法与程序的操作训练	36 （实践20）

续表

序号	课程模块（或单元、或章节）	课程内容及要求	活动与建议	参考学时
6	第六单元 主题宴会服务与管理	7. 掌握冷餐宴会台型布置方法和要求 模块四　主题宴会服务与管理 1. 掌握主题宴会预订服务方法和程序 2. 掌握主题宴会人员组织方案的制订方法 3. 掌握主题宴会用品铺台方案设计方法和标准 4. 掌握主题宴会服务的程序和标准 5. 掌握主题宴会菜肴服务设计方法 6. 理解主题宴会背景音乐设计方法 7. 了解主题宴会席间娱乐活动设计方法 8. 了解主题宴会服务礼仪设计方法 9. 了解主题宴会安全设计方法		
7	第七单元 餐饮人力资源管理	模块一　员工招聘 1. 理解饭店员工招聘的原则 2. 了解饭店员工招聘的标准 3. 掌握饭店员工招聘的程序及方法 模块二　员工培训 1. 理解饭店员工培训的意义 2. 掌握员工培训的基本程序和要求 模块三　员工考核与评估 1. 了解考核评估的目的和作用 2. 理解考核评估的原则 3. 熟悉确定考评内容的方法 4. 掌握选择考评方法的方法 5. 了解制定奖惩条例的方法和要求	1. 模拟酒店招聘现场，角色扮演完成招聘和面试的过程 2. 展示现实酒店培训的程序与系统，使学生全面地了解培训工作	12（实践4）

续表

序号	课程模块（或单元、或章节）	课程内容及要求	活动与建议	参考学时
8	第八单元 餐饮服务质量管理	模块一　餐饮服务质量管理的内容和重点 1. 掌握餐饮服务质量的内容 2. 掌握餐饮服务质量管理的重点 模块二　餐饮服务质量管理的分析与控制 1. 掌握餐饮服务质量分析的内容 2. 掌握餐饮服务质量分析的方法 3. 理解餐饮服务质量控制的基础 4. 掌握餐饮服务质量控制的方法 模块三　餐饮投诉处理 1. 理解处理投诉的重要性 2. 了解客人投诉的类型 3. 掌握处理投诉的程序 4. 了解客人投诉的方式	1. 采用小组讨论的模式对服务质量及投诉案例进行分析 2. 用小组角色模拟的形式，由学生通过情景模拟，进一步提升处理宾客投诉的能力	12（实践4）
9	第九单元 餐饮促销	模块一　菜单设计 1. 了解菜单的作用 2. 理解菜单设计的原则和要求 3. 了解菜单的分类 4. 掌握菜单的设计与布局方法 5. 了解菜单推销的方法和技巧 模块二　服务员推销 1. 掌握员工形象推销的方法和技巧 2. 掌握服务员点菜技巧 3. 掌握酒水推销技巧 4. 了解各种餐饮推销语言 模块三　餐饮促销活动 1. 了解特殊活动促销的方法和特点 2. 了解赠品促销的方法和特点 3. 了解展示促销的方法和特点	1. 分析制定固定菜单时应考虑哪些因素 2. 设计一份完整的菜单 3. 收集资料，展示各种促销活动的方法和特点 4. 酒水、菜肴推销情景模拟	14（实践6）

续表

序号	课程模块（或单元、或章节）	课程内容及要求	活动与建议	参考学时
10	第十单元 餐饮成本控制	模块一　餐饮成本要素 1. 掌握食品成本的定义和构成 2. 掌握人工成本的定义和构成 3. 了解经营费用的要素 模块二　食品原料采购与验收管理 1. 掌握原料成本的定义和组成 2. 掌握人工费用的定义和组成 3. 掌握水电费用的组成 4. 掌握物料器皿费用的组成 模块三　生产成本控制 1. 掌握采购员、保管员素质控制方法 2. 掌握食品原料、质量、规格和数量控制方法 3. 了解食品采购程序控制方法 4. 了解食品验收控制的方法 5. 了解食品储存管理的基本方法 6. 了解原料发放控制的方法 7. 了解库存食品原料周转率控制的方法 模块四　销售成本控制 1. 了解厨房生产预测和计划 2. 了解厨房生产成本控制的内容 3. 掌握酒水生产成本控制的方法 模块五　餐饮人力资源成本控制 1. 掌握餐饮价格控制的方法 2. 掌握服务设备与餐具管理的基本方法 3. 掌握酒水销售的基本方法	1. 采用讲授法、指导法、案例法、练习法等教学方法 2. 教师引出成本控制案例，请学生讨论，指导学生完成一份餐饮成本控制方案的设计 3. 教师对学生的设计进行评估，给出评定成绩	14
	机动、复习、考核			16
	合计			340 （实践170）

四、实施建议
(一)教学建议
(1) 本课程的教学应紧扣餐饮服务与管理的教学目标,围绕教材主体内容,以引导法的教学理念,根据学生实际状况,创造性地开展教学活动。

(2) 本课程教学可以结合职业资格证书的考核要求将模块教学、项目教学、案例分析、实践教学有机结合,设计一些结合岗位任务、有吸引力的课堂教学活动,寓教于乐,充分体现在做中学的教学方法。

(3) 本课程教学的关键是现场教学,要创设工作情景,紧密结合职业资格证书的考核要求,加大实践操作的容量,通过大量直观式、参与式的教学活动,让学生在教与学的过程中,认识餐饮服务与管理的特点,熟练进行餐饮服务,具备一定的基层管理能力。

(4) 在教学过程中,要运用挂图、多媒体、投影等教学资源辅助教学,帮助学生理解餐饮服务与管理的工作特点。

(5) 教学应以体现教师主导、学生主体的教学思想,在提高学生的学习兴趣的基础上强化理论与实践的结合,提高学生发现问题、分析问题、解决问题等能力,有利于今后从事基层管理工作。

(6) 在教学过程中,要重视餐饮服务与管理方面新技术、新工艺、新设施设备的发展趋势,贴近市场,走工学交替的道路,着眼学生职业生涯的发展,致力于培养学生对餐饮服务与管理工作的兴趣,积极引导学生提升自身职业素养和职业道德水平。

(二)教学评价
(1) 在教学中,建议采用以形成性评价为主的包括阶段性评价、过程性评价、项目评价等评价方法,形成促进学生发展的评价方法,反映学生能力的评价结果。

(2) 使餐饮服务与管理教学评价内容向多元化发展,结合课堂提问、课外作业、平时测验、实验实训、阶段考试情况等,综合评价学生的成绩。

(3) 对在学习和运用上有创新的学生应予以特殊鼓励,全面综合评价学生的能力。

(三)教学基本条件
(1) 师资条件方面,学校拥有一支业务精、素质高的酒店管理专业教师队伍，他们教学经历长，经验丰富。

（2）实训条件方面，拥有设施设备、实习用品齐全的校内实训基地，利用校内实习基地能够很好地完成本课程的现场教学、综合实训等项目，同时还要拥有校外实习基地，学生在酒店实习时由酒店的培训部门进行现场教学、指导实践，使学生能够在真实环境下掌握酒店需求的专业技能和专业素质，以提高学生的职业能力。

（3）文本资源方面，为保证教学资源的完整性，教学团队制作以工作任务为导向的文本资料，其中包括任务单、PPT、教学视频、练习题库、考核表、电子教案等。

（四）教材选用与编写

本课程建议选用高职高专教材或院本教材。

（五）课程资源的开发与应用

（1）注重同餐饮服务与管理教学相关的挂图、幻灯片、投影仪、多媒体课等现代信息技术的开发和利用。

（2）充分利用电子书籍、电子期刊、数字图书馆、网站等网络资源，扩大学生的知识视野，充实中餐服务的学习内容。

（3）产学合作开发实训课程资源，充分利用饭店开放式实训中心和各种类型中西餐厅等实训资源，实践工学交替，完成学生实习、实训的实践任务，同时为学生的就业创造机会。

（4）建立饭店服务和管理开放实训中心。实训中心应具备现场教学、实训、职业资格证书考试的功能，实现教学与实训、教学与职业资格证书考试、教学与培训的有效统一，满足学生综合能力培养的要求。

江苏联合职业技术学院"客房服务与管理"课程标准

课程代码：　　　　　　建议学时数：170　　　　　　学分：10
适用专业：五年制高职酒店管理专业
先修课程："餐饮服务与管理""职场礼仪"
后续课程："酒店管理"、顶岗实习

一、前言

（一）课程的性质

"客房服务与管理"课程是五年制高职酒店管理专业学生必修的一门专业核心课程，包含了客房服务与管理的核心知识和技能，在行业专家的指导下，对客房服务接待各岗位进行任务分析和职业能力分析，然后以各岗位实际工作任务为引领，以岗位职业能力为依据，并按学生的认识特点，采用各项任务并列或按工作任务流程的结构来确定教学内容。同时，按照岗位工作任务的要求，结合餐厅中、高级服务师职业资格证书的考核要求，通过理论、实训、实践一体化教学，使学生能熟练掌握饭店服务知识、技能及相应的基层管理知识，培养学生的综合职业能力，满足学生职业生涯发展的需要。同时，学生将取得中级服务师职业资格证书，成为饭店受欢迎的实战型、应用型专业人才。

本课程目标是通过对现代饭店客房服务、运营、管理等具体实践过程的引领，使学生具备相关职业应用型人才所必需的客房服务、运营、管理等有关知识，培养学生熟练掌握客房服务的实际操作技能，使学生具备从事客房服务实际操作能力、基层管理工作能力、适应行业发展与职业变化的能力、求新务实与开拓创新的能力。

（二）设计思路

"客房服务与管理"课程是依据人才培养方案而设置的。其总体设计思路是，打破以知识传授为主要特征的传统学科课程模式，转变为以工作任务为中心组织课程内容，并让学生在完成具体项目的过程中学会完成相应工作任务，并构建相关理论知识，发展职业能力。课程内容突出对学生职业能力的训练，理论知识的选取紧紧围绕工作任务完成的需要来进行，同时又充分考虑了高等职业教育对理论知识学习的需要，并融合了相关职业资格证书对知识、技能和态度的要求。教学过程中，要通过校企合作、校内实训基地建设等多种途径，采取工学结合、半工半读等形式，充分开发学习资源，给学生提供丰富的实践机会。教学效果评价采取过程评价与结果评价相结合的方式，通过理论与实践相结合，重点评价学生的职业能力。

本课程是应用性较强的学科，希望通过学习饭店客房服务与管理知识，使学生切实提高服务素质，并在饭店客房服务、程序方面练就较为扎实的基本功。因此，教学中应强调动手训练和直观教学，注意理论联系实际，通过多媒体教学、情景训练、实践教学、案例分析等，提高教学效果。以形成饭店客房服务的基本技能操作、客房的基层管理、自主创业的实践能力为基本目标。以实用为原则，适度考虑知识结构，为职业生涯发展奠定能力基础。

二、课程目标

本课程以现代酒店客房部的实际工作为路径，通过项目课程教学活动的开展，使学生掌握客房服务、运营及管理中所必需的基本理论和基础知识，熟悉客房服务的基本程序和方法，具有熟练的客房服务与管理等技能，并能胜任客房服务和基层管理工作，达到客房服务高级服务师的水平，同时培养学生的职业素质、团队合作的品质，为就业和职业生涯发展奠定基础。

（一）知识目标

使学生掌握客房对客服务、客房清洁服务、运营及管理中所必需的基本理论和基础知识，熟悉客房服务的基本程序和方法。

（二）能力目标

学会客房服务与管理等技能，并能胜任客房服务和基层管理工作，达到客房服务高级服务师的水平。

（三）素质目标

培养学生的职业素质、团队合作的品质，为就业和职业生涯发展奠定基础。

三、课程内容及要求

根据专业课程目标和涵盖的工作任务要求，确定课程内容及要求，说明学生应获得的素质、知识与能力。具体课程内容及要求如表2所示。

表 2　课程内容及要求

序号	课程模块（或单元、或章节）	课程内容及要求	活动与建议	参考学时
1	客房部概述	主题一：客房部的组织机构及岗位设置 主题二：客房产品的概念 主题三：客房的功能及设备用品配置	1. 参观五星级酒店，了解其房型 2. 上网查找不同品牌酒店的房型及经营管理理念	10（实践4）
2	清洁器具和清洁剂	主题一：清洁器具 主题二：清洁剂	1. 参观五星级酒店客房部仓库，认识酒店专用清洁器具 2. 在实训室模拟练习清洁器具和清洁剂的使用	6（操作4）
3	客房的清洁保养	主题一：客房清扫的准备 主题二：客房的清洁整理 主题三：客房的计划卫生 主题四：客房的消毒及虫害控制	1. 参观五星级酒店，了解清洁员每日工作流程及走客房、住客房的清洁整理过程 2. 在客房实训室系统学习中式铺床技能	52（操作38）
4	对客服务工作	主题一：对客服务概述 主题二：对客服务的模式和特点 主题三：对客服务的内容与程序 主题四：处理客人投诉	1. 参观五星级酒店，了解该酒店员工对客服务内容及标准 2. 通过夜床的学习自行设计个性夜床服务 3. 系统了解客房送茶、送水果、送花服务	26（操作16）
5	客房服务用语	主题一：客房服务的语言规范 主题二：客房服务常用词语	情景演练，模拟客房服务场景进行对话	10（实践8）
6	酒店公共区域及面层材料的清洁保养	主题一：酒店公共区域的清洁保养 主题二：地面材料的清洁保养 主题三：墙面材料的清洁保养 主题四：特殊器具的清洁保养	1. 参观五星级酒店，了解公共区域服务员清洁过程 2. 在实训室了解不同的墙面材料所需清洁设备的使用	12（操作6）

续表

序号	课程模块（或单元、或章节）	课程内容及要求	活动与建议	参考学时
7	布件的洗熨与特殊污渍的清除	主题一：洗衣房的机构设置、洗涤设备及洗涤剂 主题二：布件的洗涤、去渍与熨烫	1. 参观五星级酒店，了解洗衣房、布草房的空间布局及工作流程 2. 熟悉常用洗衣房设备及性能	10（操作6）
8	客房部人力资源管理	主题一：客房部的人员配置、招聘与调配 主题二：员工培训 主题三：员工绩效评估 主题四：员工激励	参观五星级酒店，了解客房部各级管理人员岗位设计，体验酒店新入职员工培训	12（实践4）
9	客房部物资管理	主题一：客房费用预算和设备更新改造 主题二：客用物品的管理 主题三：客房布件管理 主题四：降低消耗和环境保护	了解客房部经理工作任务、每日工作流程及客房部规章制度的制定	8
10	客房部质量管理	主题一：客房清洁保养的质量控制 主题二：客房对客服务的质量控制 主题三：客房部的安全质量管理	1. 参观五星级酒店了解该酒店质量管理制度及标准 2. 根据所学内容设计质量管理任务书	16
	机动、复习、考核			8
	合计			170

四、实施建议

（一）教学建议

（1）本课程的教学应紧扣客房服务与管理的教学目标，围绕教材主体内容，以引导法的教学理念，根据学生实际状况，创造性地开展教学活动。

（2）本课程教学的关键是现场教学，要创设工作情境，配备多种客房服务所需的设施设备及教学场所，紧密结合职业资格证书的考核要求，加大实践操作的容量，通过大量直观式、参与式的教学活动，让学生在教与学的过程中，认识客房服务与管理的特点，熟练进行客房服务，具备一定的基层管理能力。

（3）本课程教学可以结合职业资格证书的考核要求将模块教学、项目教学、案例分析、实践教学有机结合，设计一些结合岗位任务、有吸引力的课堂教学活动，寓教于乐，充分体现在做中学的教学方法。

（4）教学应以体现教师主导、学生主体的教学思想，在提高学生的学习兴趣的基础上强化理论与实践的结合，提高学生发现问题、分析问题、解决问题等能力，有利于今后从事基层管理工作。

（5）在教学过程中，要重视客房服务与管理方面新技术、新工艺、新设施设备的发展趋势，贴近市场，走工学交替的道路，着眼学生职业生涯的发展，致力于培养学生对客房服务与管理工作的兴趣，积极引导学生提升自身职业素养和职业道德水平。

（二）教学评价

要坚持结果评价和过程评价相结合，定量评价和定性评价相结合，教师评价和学生自评、互评相结合，突出阶段评价、目标评价、理论与实践一体化评价。要关注评价的多元性，积极引入行业企业生产过程中的考核、管理办法，体现本课程在评价上的特殊性。

（1）在教学中，建议采用以形成性评价为主的包括阶段性评价、过程性评价、项目评价等评价方法，形成促进学生发展的评价方法，反映学生能力的评价结果。

（2）对在学习和运用上有创新的学生应予以特殊鼓励，全面综合评价学生的能力。

（三）教学基本条件

（1）师资条件方面，学校拥有一支业务精、素质高的酒店管理专业教师团队，他们教学经历长，经验丰富。

（2）实训条件方面，拥有设施设备、实习用品齐全的校内实训基地，利用校内实习基地能够很好地完成本课程的现场教学、综合实训等项目，同时还要拥有校外实习基地，学生在酒店实习时由酒店的培训部门进行现场教学、指导实践，使学生能够在真实环境下掌握酒店需求的专业技能和专业素质，以提高学生的职业能力。主要实训室及设备情况如表3所示。

表3 主要实训室及设备情况

序号	主要实训（实验）室	主要功能	主要设备及配置参数	
			名称	数量
1	客房服务实训室（理实一体）	1. 中式铺床服务技能教学及实训 2. 西式铺床服务技能教学及实训	1.2 m×2 m 席梦思床	20张
			床头柜	20个
			操作台	20个
			多媒体教学设备	1套
2	模拟客房	客房清扫服务技能教学及实训	标准间	5间
			套间	3间
3	PA实训室	1. 专业清洁器具及清洁剂使用等教学及实验实训场所 2. 酒店清洁器具及设备的使用及保养，教学及实训 3. 酒店清洁剂的使用教学及实践	至少3种地毯清洁设备	3台
			至少5种型号的常用吸尘器	5台
			地面铺设用材根据酒店常用材料分区域铺设	5种
			能展示和保管酒店各种清洁剂展橱	1套

（3）文本资源方面，为保证教学资源的完整性，教学团队制作以工作任务为导向的文本资料，其中包括任务单、PPT、教学视频、练习题库、考核表、电子教案等。

（四）教材选用与编写

本课程建议选用高职高专或院本教材。

（五）课程资源的开发与利用

（1）注重同客房服务与管理教学相关的挂图、幻灯片、投影仪、多媒体课等现代信息技术的开发和利用。

（2）充分利用电子书籍、电子期刊、数字图书馆、网站等网络资源，扩大学生的知识视野，充实对客服务的学习内容。

（3）产学合作开发实训课程资源，充分利用饭店开放式实训中心和各校外实训基地等实训资源，实践工学交替，完成学生实习、实训的实践任务，同时为学生的就业创造机会。

（4）建立饭店服务和管理开放实训中心。实训中心应具备现场教学、实训、职业资格证书考试的功能，实现教学与实训、教学与职业资格证书考试、教学与培训的有效统一，满足学生综合能力培养的要求。

江苏联合职业技术学院"前厅服务与管理"课程标准

课程代码：　　　　　　　　建议学时数：68　　　　　　　　学分：4
适用专业：五年制高职酒店管理专业
先修课程："餐饮服务与管理""客房服务与管理""职场礼仪"
后续课程："酒店管理"

一、前言

（一）课程的性质

本课程是江苏省五年制高职酒店管理专业的专业平台课程。其学习任务是：在行业专家的指导下，对前厅服务与管理的流程及各岗位进行任务分析和职业能力分析，以各岗位实际工作任务及管理目标为引领，以岗位职业能力为依据，并按学生的认识特点，按工作及管理任务流程的结构来确定教学内容。同时，按照前厅岗位工作任务的要求，结合高星级酒店对酒店管理软件的应用能力及英语口语能力的要求，通过双语教学、案例教学、情境教学等理实一体化教学，使学生能熟练掌握前厅服务知识、技能及相应的前厅管理知识，培养学生的综合职业能力，满足学生职业生涯发展的需要，使学生成为酒店受欢迎的实战型、应用型专业人才。

（二）设计思路

1. 以职业能力为核心，教学内容职业化

由专业教师与酒店专家一起对前厅服务与管理所对应的总台服务与管理、礼宾服务与管理等职业岗位（群）进行分析，以相应的岗位或岗位群设定培养目标，以岗位或岗位群必须达到的职业能力为培养的基本要求。教学内容与国际酒店职业要求相结合，将前厅服务与管理的国际职业标准中要求较高的酒店管理软件的应用及前厅服务与管理服务英语两大专业技能贯穿于教学内容之中，使学生在学校课堂上所学到的知识与技能真正能与今后所从事的职业岗位要求接轨。实践教学方面，校内实践环节强调仿真性，从场所布置、设施设备、实操着装、职业语言、服务流程、管理方式等方面都要尽量模仿行业和酒店经营的实际情况，使学生受到职业气氛的熏陶和感染，增强其职业适应性。

2. 以工作过程为导向，教学内容务实化

以前厅服务与管理的工作过程为导向，以能力训练为主，教学过程同前厅服务与管理的工作过程一致。按照前厅服务与管理的职业岗位工作过程对课程内容进行安排及整合，针对酒店前厅服务与管理的每一个过程或环节来传授相关的教学内容。坚持课程内容与工作内容相结合、教学过程与工作过程相结合、教学环境与工作环境相结合的思想，让理实一体的教学理念渗透到课程教学的各个方面。

3. 以岗位分析为依据，教学内容模块化

按照酒店行业对岗位的具体要求设计人才能力培养层次，依据前厅服务与管理的工作流程、工作任务、岗位职责及要求设置课程教学模块，根据前厅服务与管理的流程来构建教学体系，实现育人与用人的对接。

"前厅服务与管理"课程开发的流程为：工作过程分析—岗位能力和知识重构—课程标准制定—教学资源整合—教学方法设计—课程评价。

4. 以能力培养为主线，实践教学多元化

以服务为宗旨，以就业为导向，以职业为标准精心设计"前厅服务与管理"课程的实践教学形式。采用从课堂到酒店、从校内到校外、从模拟到仿真再到顶岗实战层层递进的实践教学形式，达到既培养操作技能，又增强学生的知识应用能力、职业适应能力的目的。

二、课程目标

以现代五星级酒店前厅部的实际工作内容为出发点，通过项目课程教学活动的开展，使学生的知识、能力和素质三方面得到提升。

（一）知识目标

使学生掌握前厅服务、运营及管理中所必需的基本理论和基础知识，熟悉前厅部各岗位服务的基本程序和方法。

（二）能力目标

学会前厅服务与管理等技能，并能胜任前厅服务和基层管理工作。

（三）素质目标

培养学生的职业素质、团队合作的品质，为就业和职业生涯发展奠定基础。

三、课程内容及要求（表4）

表4　课程内容及要求

序号	课程模块（或单元、或章节）	课程内容及要求	活动与建议	参考学时
1	项目一：初识前厅部	任务一　了解酒店产品 任务二　理解好客之道 任务三　提供好客的前厅服务	1. 参观五星级酒店前厅部 2. 借助网络、刊物等资料查找有关五星级酒店前厅部的信息	3
2	项目二：营造舒适和谐的大堂氛围	任务一　了解大堂分区布局 任务二　体会大堂氛围营造	1. 通过参观，思考五星级酒店前厅部布局 2. 展示感想、总结	4
3	项目三：预订处服务	任务一　预订员须知 任务二　预订受理 任务三　预订控制	1. 洲际、喜来登前厅部预订单练习 2. 拨打五星级酒店预订热线，感受预订流程和礼仪用语	6
4	项目四：总台服务	任务一　接待/收银员须知 任务二　入住接待服务 任务三　换房与续住 任务四　问询与留言服务 任务五　建账记账 任务六　退房结账服务 任务七　夜间审核 任务八　外币兑换 任务九　贵重物品寄存	1. 观摩总台服务员的工作内容和流程 2. 收银服务练习 3. 入住接待服务练习 4. 问讯与留言服务练习 5. 填写外币兑换单 6. 贵重物品寄存服务练习	14
5	项目五：礼宾服务	任务一　机场代表服务 任务二　门厅迎送服务 任务三　行李服务 任务四　委托代办	1. 通过实地观摩，了解五星级酒店礼宾部的位置和作用 2. 迎宾服务练习 3. 行李服务练习	3
6	项目六：商务中心服务	任务一　商务中心文员须知 任务二　文印服务 任务三　传真服务 任务四　商务中心其他服务	1. 通过网络等渠道查询商务中心的服务内容 2. 思考商务中心的发展趋势	2

续表

序号	课程模块（或单元、或章节）	课程内容及要求	活动与建议	参考学时
7	项目七：总机服务	任务一　总机话务员须知 任务二　转接电话 任务三　叫醒服务 任务四　房间保密与免打扰服务	1. 参观酒店总机，观摩总机员工的服务流程和内容 2. 叫醒服务练习	2
8	项目八：行政楼层服务	任务一　认识行政楼层 任务二　行政楼层服务要点	1. 通过图片展示、实地参观等方式了解行政楼层 2. 思考行政楼层如何实现精细化服务	2
9	项目九：大堂管理	任务一　关注VIP接待与服务 任务二　处理宾客投诉 任务三　服务质量监控	1. 投诉处理的一般方式 2. 模拟解决投诉的过程	5
10	项目十：房价管理	任务一　房价的制定与调控 任务二　客房经营状况分析	1. 观察并收集酒店房价变动的信息 2. 认识洲际、喜来登酒店的客房经营状况报表	7
11	项目十一：前厅文档管理	任务一　前厅部文档的划分与管理 任务二　建立客史档案	1. 思考客史档案对顾客关系管理的意义 2. 创建客史档案练习	2
12	项目十二：前厅销售管理	任务一　学会成功销售客房 任务二　增销之道	通过网络等资源思考，酒店营销发展的趋势	2
13	项目十三：沟通管理	任务一　知晓沟通是如何进行的 任务二　让前厅沟通更有效	1. 视频欣赏，感悟何为良好的沟通 2. 以小组为单位，讨论良好的沟通是如何进行的	3
14	项目十四：服务质量管理	任务一　把握前厅服务质量标准 任务二　做好前厅服务质量控制	小组讨论何为好的服务标准	3

续表

序号	课程模块（或单元、或章节）	课程内容及要求	活动与建议	参考学时
15	项目十五：前厅安全管理	任务一　承担合理的安全责任 任务二　营造安全的前厅环境		2
16	项目十六：前厅人员管理	任务一　确定岗位人员要求 任务二　招聘与培训 任务三　评估、激励与梯队	1. 模拟招聘过程 2. 参观五星级酒店人事部，了解员工培训的有关内容	4
	机动、复习、考核			4
	合计			68

四、实施建议

(一)教学建议

(1)本课程的教学应紧扣前厅服务与管理的教学目标，围绕教材主体内容，以引导法的教学理念，根据学生实际状况，创造性地开展教学活动。

(2)本课程教学可以将模块教学、项目教学、情境教学、双语教学、案例分析、实践教学有机结合，设计一些结合岗位任务、有吸引力的课堂教学活动，寓教于乐，充分体现在做中学的教学方法。

(3)本课程教学的关键是现场教学、计算机操作及英语口语能力，要创设工作情境，加大实践操作的容量，让学生在教与学的过程中，认识前厅服务与管理的特点，熟练进行前厅服务和酒店管理软件的操作，具备一定的基层管理能力。

(4)教学应以体现教师主导、学生主体的教学思想，在提高学生的学习兴趣的基础上强化理论与实践的结合，提高学生发现问题、分析问题、解决问题等能力，有利于今后从事基层管理工作。

(二)教学评价

(1)把过程评价与终结评价结合，注重过程评价，学生自评、互评与教师评价、家长和家庭有关成员评价相结合，课内评价与课外评价相结合，形成促进学生发展的评价方法，反映学生能力的评价结果。

（2）使前厅服务与管理教学评价内容向多元化发展，结合课堂提问、课外作业、平时测验、实验实训、技能竞赛、小组讨论、社会实践、个案分析、阶段考试情况等，综合评价学生的成绩。

（3）对在学习和运用上有创新的学生应予以特殊鼓励，全面综合评价学生的能力。

（三）教学基本条件

（1）配置模拟大厅，包含总台、礼宾接待处、大堂经理接待处。

（2）建立前厅总台相应的酒店服务与管理软件操作系统，包含预订、接待、查询、收银、信息处理等功能。

（3）配备专门进行酒店服务与管理软件学习的计算机房。

（4）配备专业英语教学，进行双语教学，达到创设英语服务环境的教学目的。

（四）教材选用与编写

《酒店前厅实务》，滕玮峰主编，南京师范大学出版社。

《前厅运行与管理》，江浩著，浙江大学出版社。

（五）课程资源的开发与利用

（1）遵循教学规律，从基础知识认知、基本技能训练开始，结合案例分析、综合运用、单元回顾及学习评价来逐步提高学生对应知和应会知识的掌握。

（2）以教师讲授结合实物资料演示、多媒体、案例分析、情景表演、场景模拟、计算机软件运用技能操作与训练等方式开拓学生思维，进行开放式、创造性的学习和训练。

（3）项目教学选择要兼顾可操作性和学生的学情。

（4）对不具备实习条件的内容可通过实地调查、收集资料、参观相关饭店企业加以补充。

参考文献

一、著作

[1] 陈中原. 中国教育改革大系：教育改革理论卷 [M]. 武汉：湖北教育出版社，2016.

[2] 丁金昌. 高等职业教育技术型人才培养研究 [M]. 北京：科学出版社，2015.

[3] 方法林，宋益丹，丁洁，等. 江苏省旅游人才战略发展研究 [M]. 北京：旅游教育出版社，2012.

[4] 弗莱雷. 被压迫者教育学 [M]. 顾建新，赵友华，何曙荣，译. 上海：华东师范大学出版社，2014.

[5] 国家发展改革委社会发展司，上海市教育科学研究院. 中国职业教育发展战略及制度创新研究 [M]. 北京：中国计划出版社，2015.

[6] 贺耀敏，丁建石. 职业教育十大热点问题 [M]. 北京：中国人民大学出版社，2015.

[7] 黄艳芳. 职业教育课程与教学论 [M]. 北京：北京师范大学出版集团，2010.

[8] 黄尧. 职业教育学：原理与应用 [M]. 北京：高等教育出版社，2009.

[9] 姜大源. 当代德国职业教育主流教学思想研究 [M]. 北京：清华大学出版社，2007.

[10] 姜大源. 当代世界职业教育发展趋势研究 [M]. 北京：电子工业出版社，2012.

[11] 姜大源. 职业教育学研究新论 [M]. 北京：教育科学出版

社，2007．

［12］李森．现代教学论纲要［M］．北京：人民教育出版社，2005．

［13］李向东，卢双盈．职业教育学新编［M］．北京：高等教育出版社，2015．

［14］廖哲勋，田慧生．课程新论［M］．北京：教育科学出版社，2003．

［15］刘福军．高等职业教育人才培养方式［M］．北京：科学出版社，2007．

［16］刘兰明．高等职业技术教育［M］．武汉：华中科技大学出版社，2004．

［17］刘萌，薛兵旺．现代旅游业应用型人才培养研究［M］．北京：中国书籍出版社，2015．

［18］刘晓欢，向丽．高等职业教育人才培养研究专论［M］．天津：天津大学出版社，2013．

［19］刘晓欢．高等职业教育工学结合课程开发［M］．天津：天津大学出版社，2011．

［20］刘育锋．中高职课程衔接的理论与实践：英国的经验与我国的借鉴［M］．北京：北京理工大学出版社，2012．

［21］马能和．五年制高职教育发展及实证研究［M］．南京：江苏教育出版社，2008．

［22］马树超，郭扬．高等职业教育：跨越·转型·提升［M］．北京：高等教育出版社，2008．

［23］穆晓霞．高等职业教育探索与创新［M］．南京：南京师范大学出版社，2009．

［24］石伟平，徐国庆．职业教育课程开发技术［M］．上海：上海教育出版社，2006．

［25］王继平．中国教育改革大系：职业教育卷［M］．武汉：湖北教育出版社，2016．

［26］王昆欣．高等旅游职业教育国际化人才培养的研究与实践［M］．北京：中国旅游出版社，2010．

［27］王孙禹．高等教育组织与管理［M］．北京：高等教育出版社，2008．

［28］吴兆方，陈光曙．高等职业教育"两高一新"人才培养模式的研究［M］．北京：高等教育出版社，2009．

［29］徐冬青．教育基础［M］．上海：华东师范大学出版社，2015．

［30］严中华．职业教育课程开发与实施［M］．北京：清华大学出版社，2009．

［31］杨明全．课程概论［M］．北京：北京师范大学出版集团，2010．

［32］杨卫武．应用型旅游人才培养模式［M］．北京：中国旅游出版社，2009．

［33］叶澜．回归突破［M］．上海：华东师范大学出版社，2015．

［34］易雪媛，陈喆，张亮．科学人才观［M］．北京：中国时代经济出版社，2012．

［35］赵志群．职业教育工学结合一体化课程开发指南［M］．北京：清华大学出版社，2008．

［36］钟启泉．课程论［M］．北京：教育科学出版社，2007．

［37］邹统钎，郑洁．中外旅游人才培养模式与教学方法研究［M］．天津：南开大学出版社，2014．

二、期刊

［1］包蕾．高职专业和课程设置的特点［J］．中国职业技术教育，2004．8．

［2］曾金霞．工学结合视域下的高职教育实训教学模式［J］．职教论坛，2012．11．

［3］丁金昌．高职校企合作运行机制的创新［J］．教育发展研究，2008．17．

［4］丁莉东．五年制高职测绘专业工学结合人才培养的研究［J］．教育与职业，2010．17．

［5］范莉莎．"工学结合"模式下的高职教学质量监控的困境及其破解［J］．中国职业技术教育，2012．8．

［6］甘益慧，黄晓燕．高职院校人才培养方案制订的理论与实践探索［J］．当代职业教育，2014．7．

［7］官福清，蔡竹，邵淑娟，等．浅析学科建设与专业建设的关系［J］．中国校外教育，2012．12．

［8］郭丽．深化高职学院工学结合教学模式的新探索［J］．科技信息，2009．35．

［9］郭占苗．五年制高职学校实施工学结合人才培养模式面临的问题和对策［J］．长沙航空职业技术学院学报，2010．9．

［10］韩志刚．关于校企合作运行机制的探讨［J］．广西轻工业，2008．6．

［11］黄建宏，龚萍．海南国际旅游岛建设对旅游人才的需求与对策分析［J］．科教文汇，2009．5．

［12］姜大源．论职业教育专业设置的驱动模式［J］．职教论坛，2002．3．

［13］姜凡．21世纪以来我国教师教育研究现状及趋势分析［J］．教师教育研究，2017．1．

［14］李芹．政府在高职产学合作教育中的角色作用［J］．职业技术教育，2006．4．

［15］李树峰．从"双师型"教师政策的演进看职业教育教师专业发展的定位［J］．教师教育研究，2014．5．

［16］南亲江．高技能人才内涵及其培养途径的探究［J］．中国职业技术教育，2009．30．

［17］王丽娟．浅析校企合作的运行保障机制［J］．教育论坛，2009．12．

［18］吴全全．关于职教教师专业化问题的思考［J］．中国职业技术教育，2007．11．

［19］武海斌．五年制高职学校工学结合教学模式存在的问题及对策［J］．辽宁高职学报，2009．10．

［20］肖凤翔，张弛．"双师型"教师的内涵解读［J］．中国职业技术教育，2012．15．

［21］徐国庆．职业教育项目课程的内涵、原理与开发［J］．职业技术教育，2008．19．

［22］徐涵．"工学结合"概念内涵及其历史发展［J］．职业技术教育，2008．7．

［23］许曙青．五年制高职"工学结合"人才培养模式的思考［J］．江苏高教，2008．6．

［24］薛培军．政府在高职职业技术院校产学研合作教育中的主导行为研究［J］．中山大学学报，2003.3．

［25］杨叔子，余东升．高等学校文化素质教育的今日审视［J］．中国高教研究，2018.3．

［26］张波，匡平．高职教学结合国内外比较研究［J］．教育与职业，2012.5．

［27］张开暗．工学结合办学模式实施中的问题和对策探讨［J］．当代教育论坛，2010.4．

［28］赵志群，杨琳，辜东莲．浅论职业教育理论实践一体化课程的发展［J］．教育与职业，2008.12．

［29］郑秀英，周志刚．"双师型"教师：职教教师专业化的发展目标［J］．中国职业技术教育，2010.27．

［30］钟秉林．人才培养模式改革是高等学校内涵建设的核心［J］．高等教育研究，2013.11．

［31］朱旭东．论教师专业发展的理论模型建构［J］．教育研究，2014.6．

后 记

2019年暑假，我的工作岗位发生了调整，离开了工作多年的旅游系。1995年8月参加工作，镇江旅游学校是我工作的起点，2013年镇江旅游学校与镇江高等职业技术学校合并，旅游学校成为旅游系。前后25年，我一直没有离开旅游教育领域，即使中途有两年外借镇江教育国际交流中心，工作内容也没有离开旅游。这样算来，我算是旅游教育的"老人"了。

我和旅游结缘，实际上可以追溯到我的大学时光。1991年我进入扬州师范学院历史专业学习，在系领导的支持下，我和几名同学一直利用业余时间义务做地接导游，现在回想，四年大学生活中，对我能力提高帮助最大的就应该是这件事情，导游锻炼了我的表达能力和工作能力，也促使我毕业后义无反顾选择了旅游教师这个职业。

大学做导游时，我就有一个感觉，有时候在外带团一天，会发现自己有很多知识盲点，回去抓紧学习，知识掌握得特别牢靠，比在教室里听讲效果好多了，当然，这可能和我不爱学习有关。我当时就有一个认识，那就是"做中学"是一个学习的好方法，学得有兴趣，知识掌握比较扎实，能力也能得到提高。

这种认识随着我进入工作岗位越发深刻，我也一直在进行这方面探索。工作不久，我就在学生中组织了义务导游队，利用休息日组织学生到金山公园进行义务导游，学生积极性非常高，过去上课不爱学习的同学变得认真了，班级活动也不用担心，学生自己组织起来像模像样。当时我曾想：如果学生每周有一半时间在景点上课，边做导游边学习该多好。原因很简单，因为学生将来就是在这个岗位工作，如果能在学生时代就能胜任工作要求，正式上班后就可以直接上岗了；同时，我也发现教学计划中很多课程实际工作中几乎用不到，很多工作中需要的知识和技能没有相应的课程。现在回想起来，这应该是我对工学交替的最初认识，也是最切身的体会。

2013年暑假，组织上安排我担任旅游系主任，上任后我一直在推动产教融合工作，这既是当年的工作经历所致，也是学习了职业教育相关文件的结果。我们的学生以五年一贯制高职学生为主，我们将学生在校学习的五年进行了重新规划，利用校内外实训基地，通过全过程各种形式的工学交替，尽可能让学生在实践中提升自己的职业能力。我们认为产教融合、校企合作、工学交替是职业教育的逻辑起点，也是专业建设的主要途径。就酒店管理专业来说，我最深的体会就是"学生要在对客服务的过程中学会对客服务"。

拙作《全程工学交替——酒店专业人才培养的新思维》是江苏省教育科学"十三五"规划课题研究成果，入选了原国家旅游局"万名旅游英才"计划，是我校旅游专业教师集体智慧的结晶，是我们在探索酒店管理专业五年制高职教育人才培养过程中形成的研究文稿，旨在总结经验、破解困惑，进而问题导向，推进更深入更精准的应用型人才培养。课题首次运用"全程工学交替"概念进行酒店管理专业的人才培养模式的构建，利用校企两个"场域"，尝试实现理论学习与实践操作的全程结合，将专业实践环节作为一个整体，在学习全过程中，系统定位、统筹安排，让实践要素在时间上全程贯通，在空间上全方位拓展，在内容上全面整合，在理念上全息浸透，在课程结构上全维统整。在此基础上，对酒店管理专业人才培养目标设定、课程体系建设、教学方法与手段改革、师资队伍培养、人才培养途径深化、保障机制建立等方面进行系统的科学实践，提出操作性较强的实施意见和建议。这本书是对我校酒店管理专业近几年工作的一个总结，有些工作我们实施并有了成果，有些工作我们想做但没有做好，有些工作我们有了想法但没有付诸实施，所以我很想给这本书加一个副标题："基于理想和实践"。

拙作共由九章组成，既有理论阐述，又有实践案例，还有思考和策略。感谢省市教育主管部门领导、学校领导对酒店管理专业的厚爱，他们的指导是专业建设最大的推动力；感谢茅蓉、周书文、贾琳珊、俞樱、吴玮、王裕城、董玮雯、李坚、张鹏娟、宋志红等老师在教学第一线所做的贡献，酒店管理专业取得的累累硕果，凝聚了大家的心血；感谢旅游系管理团队的历任工作伙伴：陈星书记、陈卉主任、韦昊主任、许燕主任、庄惠主任、张洁主任等对酒店管理专业的支持，培养模式的创新是一项比较复杂的工作，非一人所能完成，我很幸运，我们的团队非常团结，一直同心做事；感谢袁幹、高远两位优秀的年轻教师，他们勤奋刻苦，努力上进，协助我完成了调查分析和资料搜集等工作，为课题研究和书稿写作做了大量基础工作。在拙作成书之际，回望在旅游系工作的日日夜夜，眼里满是大家共同奋斗的身影，我只想对大家深鞠一躬，以表谢意。

在书稿即将完成的时候，党的十九届五中全会胜利召开，"立足新发展阶段，贯彻新发展理念，构建新发展格局，推动高质量发展"已成为时代主旋律；2020年年底，我们旅游教师团队荣幸地被认定为江苏省首批职业教育教师教学创新团队培育对象。恰逢职业教育发展如此的大好际遇，我们定当"生逢盛世，该不负盛世"！

感谢苏州大学出版社顾清、杨宇笛两位编辑老师，他们的悉心指导对我帮助极大；书稿撰写过程中还参考了许多专家、学者的研究成果及建设经验，可能由于疏漏，在书中未能一一注明，再次深表歉意和感谢。由于笔者才疏学浅，水平有限，拙作内在的逻辑性还不够系统，一定存在不少疏漏和瑕疵，恳请专家、学者批评指正，提出宝贵意见。

潘 俊

2020 年 12 月 18 日